编 委 会

主　任：陈熙满

副主任：马俊凡　游富明

主　编：陈　风

副主编：郑宗伟

编　委：陈　风　郑宗伟　邹挺超　刘伯挚
　　　　　林南中

编　辑：郑宗伟　陈珠红

福建省档案馆 编著

何以侨批

纪述卷

海峡出版发行集团 | 福建教育出版社

图书在版编目（CIP）数据

何以侨批.纪述卷/福建省档案馆编著．－福州：福建教育出版社，2023.12
　ISBN 978-7-5334-9887-0

Ⅰ.①何… Ⅱ.①福… Ⅲ.①华侨－书信集②侨务－外汇－史料－福建 Ⅳ.①D634.3②F832.6

中国国家版本馆 CIP 数据核字（2023）第 244922 号

Heyi Qiaopi
何以侨批
福建省档案馆　编著

出版发行	福建教育出版社
	（福州市梦山路 27 号　邮编：350025　网址：www.fep.com.cn）
	编辑部电话：0591-83779650
	发行部电话：0591-83721876　87115073　010-62024258）
出 版 人	江金辉
印　　刷	福州印团网印刷有限公司
	（福州市仓山区建新镇十字亭路 4 号）
开　　本	710 毫米×1000 毫米　1/16
印　　张	20
字　　数	275 千字
版　　次	2023 年 12 月第 1 版　2023 年 12 月第 1 次印刷
书　　号	ISBN 978-7-5334-9887-0
定　　价	68.00 元（全二册）

如发现本书印装质量问题，请向本社出版科（电话：0591-83726019）调换。

前 言

档案文献是人类共同记忆的重要组成部分，它对保护世界各民族的文化特性，联系过去、现在与未来具有十分重要的意义。联合国教科文组织于1992年组织实施了世界记忆项目，旨在对世界范围内所有人类记忆遗产进行权威性的评估与登录，以促进世界范围内正在逐渐老化、损毁、消失的人类历史记录的抢救和保护。

中国作为历史悠久的文明大国，保存着大量珍贵的档案文献，这些档案文献是世界档案文献的重要组成部分。这其中，包括了十分珍贵的侨批档案。侨批是海外华侨华人寄给国内家乡眷属的书信和汇款凭证的合称（"批"是福建、广东等地方言对书信的称呼），又称银信，主要分布于福建、广东等地侨乡。据史料记载，早在18世纪80年代（清乾隆年间）就有了相关侨批的记录。侨批历时近两个世纪的发展演变，在清末民国时期最为盛行，直至20世纪70年代归口中国银行管理，侨批终成历史。

侨批档案真实记录了侨乡和侨居地政治、经济、文化、社会生活、风土人情等各个方面情况，呈现了广大华侨华人刻苦耐劳、自强不息、团结互助的拼搏精神和爱国爱乡、乐于奉献的高尚情操，彰显了讲仁爱、重民本、守诚信、崇正义、尚和合、求大同等中华传统文化核心理念和中华文明突出的连续性、创新性、统一性、包容性与和平性，见证了中华文明与世界其他地区文明之间持续不断的交流与融合，是研究近代华侨史、经济史、社会史、文化史、金融史、邮政史、中外交通史以及侨居地历史文化最原始而珍贵的档案文献，具有不可替代的遗产价值。2013年6月，侨批档案入选联合国教科文组织《世界记忆名录》，成为全人类共同的记忆。

2020年10月13日，习近平总书记在广东省汕头市参观侨批文物馆时强调，侨批记载了老一辈海外侨胞艰难的创业史和浓厚的家国情怀，也是中华民族讲诚信、守承诺的重要体现。要保护好这些侨批文物，加强研究，教育引导人们不忘近代我国经历的屈辱史和老一辈侨胞艰难的创业史，并推动全社会加强诚信建设。2023年6月2日，习近平总书记在北京出席文化传承发展座谈会时强调，在新的起点上继续推动文化繁荣、建设文化强国、建设中华民族现代文明，是我们在新时代新的文化使命。

近年来，福建省档案馆深入贯彻落实习近平总书记对档案工作重要指示批示精神和参观汕头侨批文物馆时重要讲话精神，积极开展侨批档案抢救保护、收集整理、研究开发和宣传推广，弘扬中华优秀传统文化，宣传华侨精神，在促进"海丝"沿线国家人文交流、讲好中国故事、凝聚侨心侨力等方面发挥独特作用，赢得了包括海外侨胞在内的社会各界的积极肯定，也为文献遗产管理和世界记忆项目的保护利用、宣传推广积累了宝贵的实践经验。

一封封侨批，一个个故事，千万种情意。为进一步扩大侨批文化和世界记忆项目的社会传播面和影响力，向社会公众特别是广大的青少年、华裔新生代讲好侨批故事和中国故事，进一步增强文化认同、民族认同、国家认同，我们编写了这本书，书中围绕"侨批是什么""侨批有什么价值""侨批保护开发"等内容展开叙述，涵盖侨批历史、文化礼仪常识、跨国金融网络、家风美德、乡愁乡情、爱国爱乡、文化传承故事、侨批保护利用等方面内容，并通过侨批多维度、多层次、多侧面展现华侨华人这一国际移民群体的人生故事和精神风貌，以及侨批档案所蕴含的重要历史文化价值。希望本书能成为社会公众打开了解侨批档案、走近世界记忆遗产的一扇窗口，也衷心希望更多人加入到保护开发侨批档案队伍中来，为保存和传承珍贵的人类记忆而共同努力奋斗。

本书分为"纪述卷"和"图录卷"，在编撰过程中，采用以文辅图、图文并茂的形式，尽可能做到深入浅出、易看易懂、形象直观，努力融思想性、知识性、文化性、故事性于一体，但由于编者学识和水平有限，书中错漏、疏误之处在所难免，敬请读者批评指正。

编者

目 录

一 话说侨批来龙去脉 ……………… 1
  1. 飘洋过海的"两地书"   3
  2. 侨批诞生的土壤   8
  3. 承载华侨华人历史记忆的文献 ……… 13

二 读懂侨批的文化密码 ……………… 21
  1. 拆封：批封上的那些"密码"   23
  2. 展信：丰富多彩的批笺   30
  3. 品读：礼数周全的传统家书 ……… 34

三 侨批建构的跨国金融网络 ……………… 37
  1. 回首百年侨批业   39
  2. 红侨水客的故事   47
  3. 侨批业巨擘：天一信局 ……… 51
  4. 商业信用文化的载体   57
  5. 眼花缭乱的货币   63

四　侨批中的家风乡愁 ·········· **69**

1. 孝悌最重，亲情为先 ·········· 71
2. 良好家风从夫妇子女抓起 ·········· 77
3. 兴学助教有遗风 ·········· 85
4. 架起侨乡连心桥 ·········· 93
5. 祖地寻根是华侨的念想 ·········· 96

五　侨批中的爱国情怀 ·········· **101**

1. 侨批中的辛亥风云 ·········· 103
2. 福建华侨的抗日救国记忆 ·········· 111
3. 抗战中的侨眷生命线 ·········· 118

六　中华文化海外传承 ·········· **121**

1. 侨批中的海外华文教育 ·········· 123
2. 侨批中的书法艺术 ·········· 133
3. 侨批中的民俗与民间信仰 ·········· 141
4. 不改乡音，守护乡土文化 ·········· 147

七　守望人类记忆遗产 ·········· **155**

1. 侨批档案的遗产价值 ·········· 157
2. 抢救保护任重道远 ·········· 160
3. 让文献遗产"活"起来 ·········· 163

一话说侨批来龙去脉

今天，我们处在一个全球化的时代，国与国、民族与民族之间的联系越加紧密，商品、技术、信息、货币、资金等的跨国、跨地区流动越来越便捷，世界成为一个关联日益密切的整体。

回望全球化尚在萌芽的时代，中国东南沿海的海外移民，却以自己的智慧，创造出一个让资金、货币、物品、信息在国与国（地区）之间便捷流动的发明。

这便是本书的主角——侨批。这个也被称作银信的历史文化遗存，在2013年成为世界记忆遗产。

1. 飘洋过海的"两地书"

什么是侨批？

回答这个问题之前，且让我们来看一件侨批的实寄封。

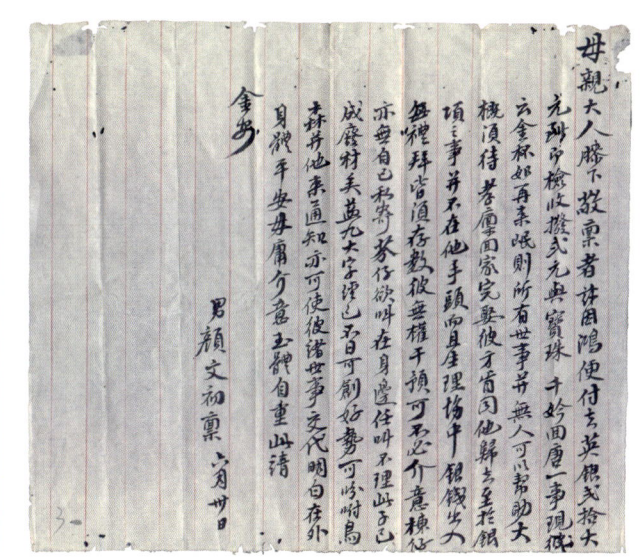

菲律宾华侨颜文初寄给福建石狮钞坑母亲的侨批

【信文】母亲大人膝下：敬禀者。兹因鸿便付去英银贰拾大元，到即检收，拨贰元与宝珠，千妗回唐一事，现彼云金杯如再来岷，则所有世事并无人可以帮助，大概须待孝廪回家完娶彼方肯同他归去。至于银项之事,并不在他手头,而且生理场中银钱出入,每礼拜皆须存数,彼无权干预,可不必介意。栋仔亦无自己私寄,芬仔欲叫在身边,任叫不理,此子已成废材矣。益九大字经已不日可创好势,可吩咐鸟森并他来通知,亦可使彼诸世事交代明白,在外身体平安,毋庸介意,玉体自重。此请 金安 男颜文初禀 六月卅日

我们或许会轻易认出,这是一封书信。是的,在福建、广东不少地方(福建的福州、莆田、厦门、泉州、漳州以及广东的潮汕地区)的方言中,"批"就是信的意思。

如果对于传统书信稍微熟悉一些,我们或许会知道,这是一封家书。寄信人是"颜文初"。

寄信人前面的"岷",指的是菲律宾首都马尼拉,因此,这是一封来自菲律宾华侨的书信。

到此,我们可以简单地说,侨批就是华侨书信的一种,但并不是所有华侨书信都称作侨批。如果注意信封的左上角,我们会看到"外附去英银式拾大元",而书信内文中,也提到了这笔汇款,这正是侨批和其他书信最直观的区别。也就是说,它是"带着钱"的华侨家书。

钱和信合一,就是侨批的基本特征。正因如此,侨批也被称为银信。

侨批的产生与中国东南沿海居民自古以来就有的"漂洋过海,过番谋生"的传统密切相关。早在唐朝,广州、泉州对外贸易就已十分发达,泉州成为海上丝绸之路的起点之一;唐朝时期,广州就已设立市舶司;宋朝时期,广州、泉州均设置了市舶司,许多海外商人到此贸易;泉州在元朝时期还一度成为当时世界最大的港口。

对外贸易的发展,让不少沿海居民出海经商。尤其是明朝中叶以后,西方殖民者在东南亚逐渐建立殖民统治,在日常生活、经济活动和海上贸易方面与华人联系日益密切。

19世纪中叶以后,由于政局动荡以及自然灾害、人口压力等多重因素

即将离开家乡的"过番客"

的影响,中国东南沿海尤其是福建、广东一带,大量民众不得不出海前往东南亚谋生,这被称作下南洋。所谓的南洋就是清代对于东南亚的泛称。在闽南语中,下南洋也叫作"过番"。

这一时期,西方殖民者对廉价劳工的需求日增,大量契约华工被贩卖出洋,成为当时中国海外移民的主要方式。

出洋的华侨在生计稳定、有了积蓄之后,念着家里的父母孩子,不敢随意挥霍,而是将辛苦积攒的钱款汇回家乡,以补贴家用。同时,远离家乡的他们也时刻记挂着家乡父母妻儿的平安,常常需要写信问候,也需要将自身状况告知家乡亲人,以免他们担忧。

寄钱与寄信,两种相互关联的基本需求,促成了侨批的产生。钱款附上问候家人的书信,逐渐演变成信款合一的特殊家书。

按照学界研究,侨批有来批和回批的区分,来批由华侨寄给国内眷属,侨眷在收到来批后寄回的书信叫回批,随着银行、邮政的介入,又产生了汇票、电汇单等多种形式。

侨批盛行于清末民国时期，现存的侨批档案也主要集中在这一时期，最早可追溯至19世纪80年代，最晚则到20世纪90年代。

"番银一下来，大厝起相排"，"侨汇到一单，较好农事收一山"，在福建晋江流传的这类民谣形象地刻画出了当时侨乡对于番银、侨汇的依赖：拿到海外亲人辛苦积攒的番银，"起大厝"（建房）等家用便有了希望，而一单侨汇的收入，就可能抵得上一次农作物大丰收。

敬老扶亲、生丧嫁娶等家庭琐事往往构成侨批的主要内容，在海外打拼的先民在书信中往往不厌其烦地将钱款的用途、拨交的亲人一一写明。

在通信不发达的时代，侨批成为国内外亲人互通消息、交流物产的重要渠道，成为维系海外华侨华人与侨乡亲眷情感、经济和文化联系的重要纽带与桥梁。

2013年6月，由福建、广东两省联合申报的"侨批档案——海外华侨银信"成功入选联合国教科文组织《世界记忆名录》，成为福建首个入选世界记忆遗产的项目。

2013年6月，"侨批档案——海外华侨银信"入选联合国教科文组织《世界记忆名录》。

曾经，一封封漂洋过海、携带"万金"的家书，从世界各地寄到中国，而今，这些承载着海内外华人珍贵记忆的"万金家书"，正重新走向世界。

华侨写侨批

2. 侨批诞生的土壤

侨批以亲情为红线，它的诞生，与海外华侨华人社区的形成以及华工的生活密切相关。

海外华侨华人社区最早可以追溯到明代。根据相关学者研究，明代华侨比较集中于中国通往印度、阿拉伯、北非的沿海通商航线，在占城（今越南南部）、柬埔寨、马六甲、苏门答腊的旧港（今印度尼西亚巨港）、爪哇的杜板（今印度尼西亚图班）、革儿昔（故址在今印度尼西亚的锦石）、苏儿把牙（又译苏鲁马益，今印度尼西亚泗水）、三宝垄、文莱、菲律宾的麻逸（中国宋元时代史籍对菲律宾民都洛岛的称呼）、苏禄（以今菲律宾苏禄群岛为统治中心的古国）、暹罗（今泰国）的阿育陀耶等地，都有固定的华侨社区。在当时，已经形成三个重要华侨社区，分别以苏鲁马益、三宝垄和旧港为中心。

鸦片战争以后至中华人民共和国成立前夕，大批契约华工也在海外聚集而居，形成了新的华侨华人社区。

华侨华人往往依靠同族、同乡乃至同船共载的关系聚集而居，他们一方面坚守本民族的习俗，保持着中华传统文化和生活方式；另一方面又积极适应当地环境，接受当地文化。

许多出国华侨在海外从事体力劳动或小商小贩，赚的钱并不多，尽管

华侨准备登船奔赴重洋

华侨抵达侨居地港口

如此，他们仍然一分钱掰成两半花，省下钱款寄回家乡。

在华侨华人社区中，有人打工，有人开小杂货店，互为补充。这类小杂货店、小商店因为在社区中土生土长，深受当地华侨华人信任，也成为华侨华人的驻足地和储蓄所，平时有点节余往往会存放在这些小店里，等人回家乡时再委托带回，急用时也可以向小店借贷。由此，这些小店也往往发展为水客的落脚处和代收点。水客就是往来于南洋和唐山（华侨对中国大陆的称呼）之间，专门替华侨捎带信款的银信传递人。

华侨华人社区所营造的人们相互之间的信任，是侨批产生的一大土壤。

1738年，印度尼西亚的荷兰殖民当局向华人普遍发放"居留准证"，证照上有特大号的文字、印章，华侨华人称之为"大字"。后来，人们就把出入境证照称为"大字"，也称"出口字"。在侨批中，有不少讨论"大字"的书信。

为了方便新侨（新客）顺利过关，老华侨常常会为他们准备一份应付移民局问询的"口供纸"，其中问题包含范围极广，从最基本的姓名、年龄，到何时搭什么船回中国、做什么生意、生意状况如何，以及家庭状况等，都需要准备"参考答案"，以免新移民紧张答错而被遣返。

随着契约华工大量出洋，一些原本作为侨客停留处的侨栈，也开始包办华工的出国行装、船票，乃至接引、安顿、介绍工作等业务。东南亚各地种植园主或锡矿主把需要的契约劳工数量和条件，交托给汕头、厦门、澳门、香港、上海的洋行代为招买，再由洋行委托这类侨栈。由此，这些侨栈也累积了大量华工信息，这为后来侨栈兼营侨批业奠定了基础。当然，也有不少侨批局兼营侨栈。

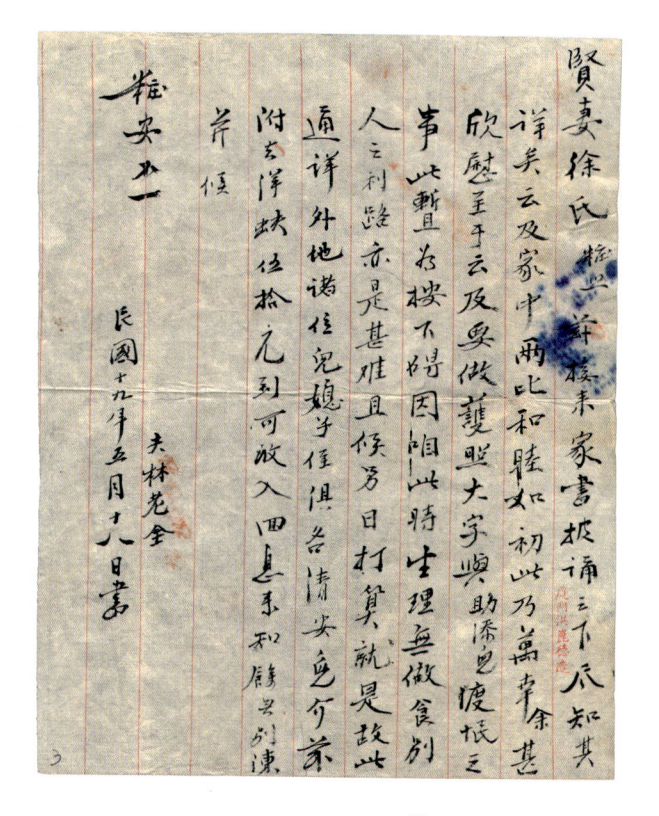

华侨林老全寄给妻子的侨批中,提及移民海外要做"大字"(即护照)一事。

【信文】贤妻徐氏妆次:兹接来家书,披诵之下,尽知其详矣。云及家中两比和睦如初,此乃万幸,余甚欣慰!至于云及要做护照大字与助添儿渡岷之事,此暂且为按下,碍因咱此时生理无做,食别人之利路,亦是甚难,且候另日打算就是,故此通详。外地诸位儿媳子侄俱各清安,免介。兹附去洋蚨伍拾元,到可收入,回息来知,余无别陈。并候 妆安不一 夫林老全 民国十九年五月十八日书

尽管前途未卜,但这些出洋谋生的华侨华人,怀着对美好生活的向往、对改善家庭生存境况的期待。正是基于这样的向往与期待,他们在海外站稳脚跟后,首先想到的就是回馈家庭——这一美好的愿望,是侨批诞生的另一深厚的土壤。

华侨使用"口供纸"以应对移民局的问询

3. 承载华侨华人历史记忆的文献

侨批不仅承载着华侨华人的历史故事，也是人类珍贵的记忆遗产。

尽管海外移民向母国汇款的行为在国际移民群体中是相当普遍的现象，但像华侨华人这样大量地将侨批作为与国内眷属的经济、情感和信息沟通的纽带与载体，并且系统地保存下来，在世界上是独一无二的。

侨批中的大量内容是华侨华人写给最可信赖的亲朋好友的书信，如实地保存了中国传统私人书信的原始风貌。

大部分的华侨华人初到侨居地时往往身无分文，甚至举债漂洋。他们在侨居国通过做种植园工人、矿工、人力车夫、商店店员等谋生，稍有积蓄后常常成为流动小贩乃至开办杂货店。当他们通过辛勤劳作赚到钱后，首先想到的是家乡的亲人。他们将手中积蓄以侨批的形式寄回家乡，供养父母、妻儿乃至其他亲属，改善家乡亲人的经济境遇。许多侨批都絮絮叨叨地提及所寄回的款项如何分配：父母多少，儿女多少，兄嫂多少，叔伯等各种亲戚多少……

根据郑林宽《福建华侨汇款》统计，20 世纪 30 年代华侨汇款占福建华侨家庭收入的 80%。侨批很大程度上成为侨乡家庭、家族的生活来源和经济支柱。

何以侨批

华侨在侨居地拉人力车

华侨在侨居地补鞋

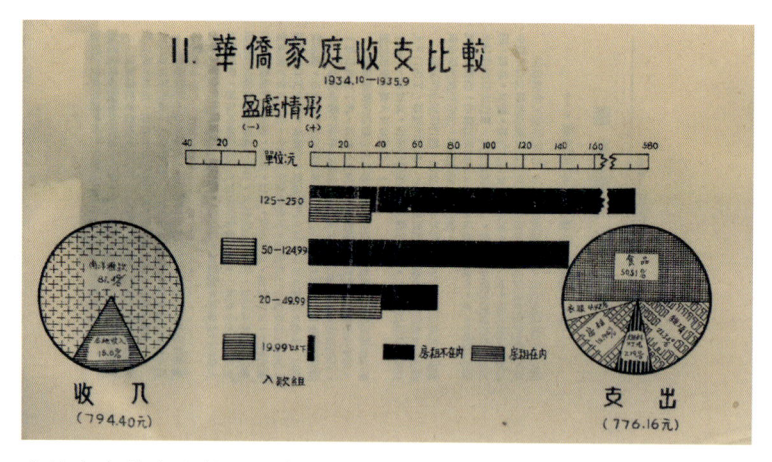

华侨家庭收支比较图，选自民国时期郑林宽著《福建华侨汇款》。

背井离乡，尤其是离开父母妻儿，华侨华人时刻牵挂着家人们的状况。在批信中，我们时常可以看到他们询问打听家乡父母的日常饮食起居、健康状况，子女的学习成长情况，传统佳节和红白大事的举办情况，房屋的修缮和居住条件的变化情况，以及家乡社会经济情况等等。

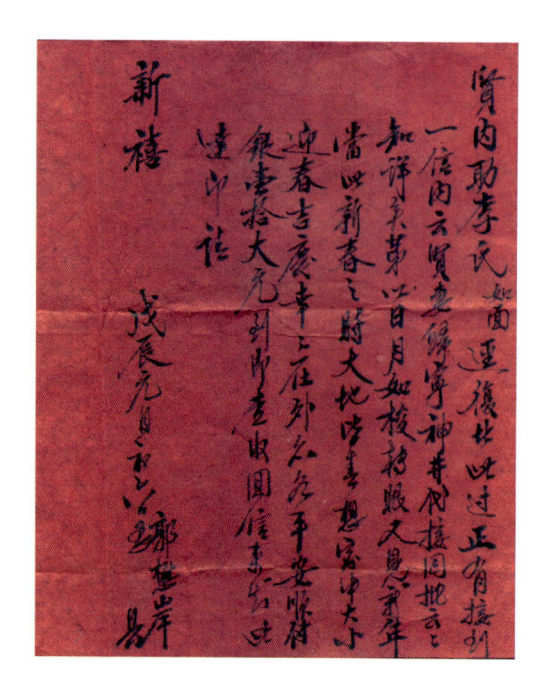

1928年新加坡厦门籍华侨郭懋岸寄给妻子李氏的侨批，除了汇款，他还给家人送去新春的问候。

【信文】贤内助李氏：如面。迳复者。此过正有接到一信，内云贤妻归宁，神井代接回批云云，知详矣。第以日月如梭，转眼又见新年。当此新春之时，大地望春，想家中大小迎春吉庆。幸幸。在外亦各平安，顺付银壹拾大元，到即查收，回信来知。此达。即请 新禧 愚郭懋岸具 戊辰元月初六日

华侨举行西式婚礼

何以侨批

1951年间缅甸华侨王华水寄给姐夫和侄子的侨批，信中提及汇款回家建筑房屋，并详述了房屋的设计、结构和备料等内容。

【信文】基竖、吕鉴贤姐夫、金石贤侄均（钧）鉴：敬启者。吕纱等经于本月廿八日由港乘机安抵仰光矣。关于建筑事，据全面报告，亦已明白，此次承二位姐夫念亲戚之谊，全力帮忙，计划周全，金石侄处事有方，应付得宜，私心甚为感激。现门口大壁四大窗改用青草石，大门路全路用石兼花草字画，不但坚固，而且美观，此属全屋外表所关，如此改换，甚表赞同。但屋内大房、边房、撑头房口，概须铺上好红砖，基底用沙，亦须加厚，以免将来湿气，不可铺石，所余石料，充作石埕之用，其他工程如有未臻完善者，要与工程师随时研讨，务求尽善尽美。据新预算要贰亿捌仟万元，亦属无妨，当照数足。不过在工作过程中，及年关时节，对于工作人员及技师，应依习惯，以礼相待，不可浪费，亦不可过啬，尤其对于两竖工人技师，勿使发生意见或互相攻讦，一切须重和平、合法，以求完满为要。专此。并祝 均安 王华水 泐 公历一九五一年十二月廿九日

这些充满私人生活细节的书信，真实具体而又充满情感，是各种官方档案文献所无法取代的。

身处他国，华侨华人接受了不同国家、民族文化的熏陶和浸染，可谓见过世面，他们在海外的见闻，也是侨批中常见的内容。侨批促进了异国文化传入侨乡，影响了中国东南沿海地区的文化发展，让东南沿海侨乡的社会习俗、生活方式、思想观念、建筑风格等带上了异域色彩。

同时，华侨华人在当地生活，也将中华民族的优秀文化融入当地文化，与原住民以及来自其他国家地区的移民一道，构建和丰富了移居地的多元文化。

正因如此，与中国传统民间书信相比，侨批具有跨区域、跨民族、跨文化的特征。侨批档案更保

存了大量华侨华人对所在国或地区政治、社会、文化、法律以及华侨社区的观察。因为侨批大多写给可信赖的对象，自然直抒胸臆，真实地反映了当时的客观情况。

华侨在国外挣钱，寄钱养家，也让不少华侨家庭的经济状况好于一般家庭，这就对附近乡里的民众产生了极强的吸引力。为了改变家庭经济困难状况和谋求商业利益，一代又一代的福建人出洋打拼。这在福建沿海地区形成了一种普遍认同、不断重复的社会人文传统。

一封封来自海外的侨批描述了在外创业经商的成功以及在外生活的状况，向家乡传达华侨的情谊，也鼓励了家乡亲人出洋打工的信心。一些侨批还反映了华侨华人为家乡亲人办理出国相关手续，乃至教家乡亲人如何回应海关问询等实用技巧。

出洋谋生，不仅改变着一个个家庭、家族的面貌，更改变着整个侨乡的面貌。许多华侨通过侨批捐资兴学、建立医院、输入物品等，将外国的思想文化和生活方式传入侨乡，逐渐改变了侨乡的风貌，转变和开放了民众的思想观念，深刻影响了家乡的社会变迁。

侨批真实地记录了华侨华人以及侨眷对侨乡变化乃至中国、国外发生的重大事件的描述与观点；也从民间角度反映了东南亚地区以及中国东南沿海侨乡经济、社会、文化发展变化的情况和广大华侨华人在其中所作出的贡献。

作为民间私人书信和乡村文书的典型代表，福建侨批档案书写的是中国东南沿海与海外交通交流、社会变迁的信史，这些发源于民间、流转于民间的珍贵档案，是厚重的历史文献，也是华侨跨国经历的真实记录。

何以侨批

华侨在侨乡捐建医院

二 读懂侨批的文化密码

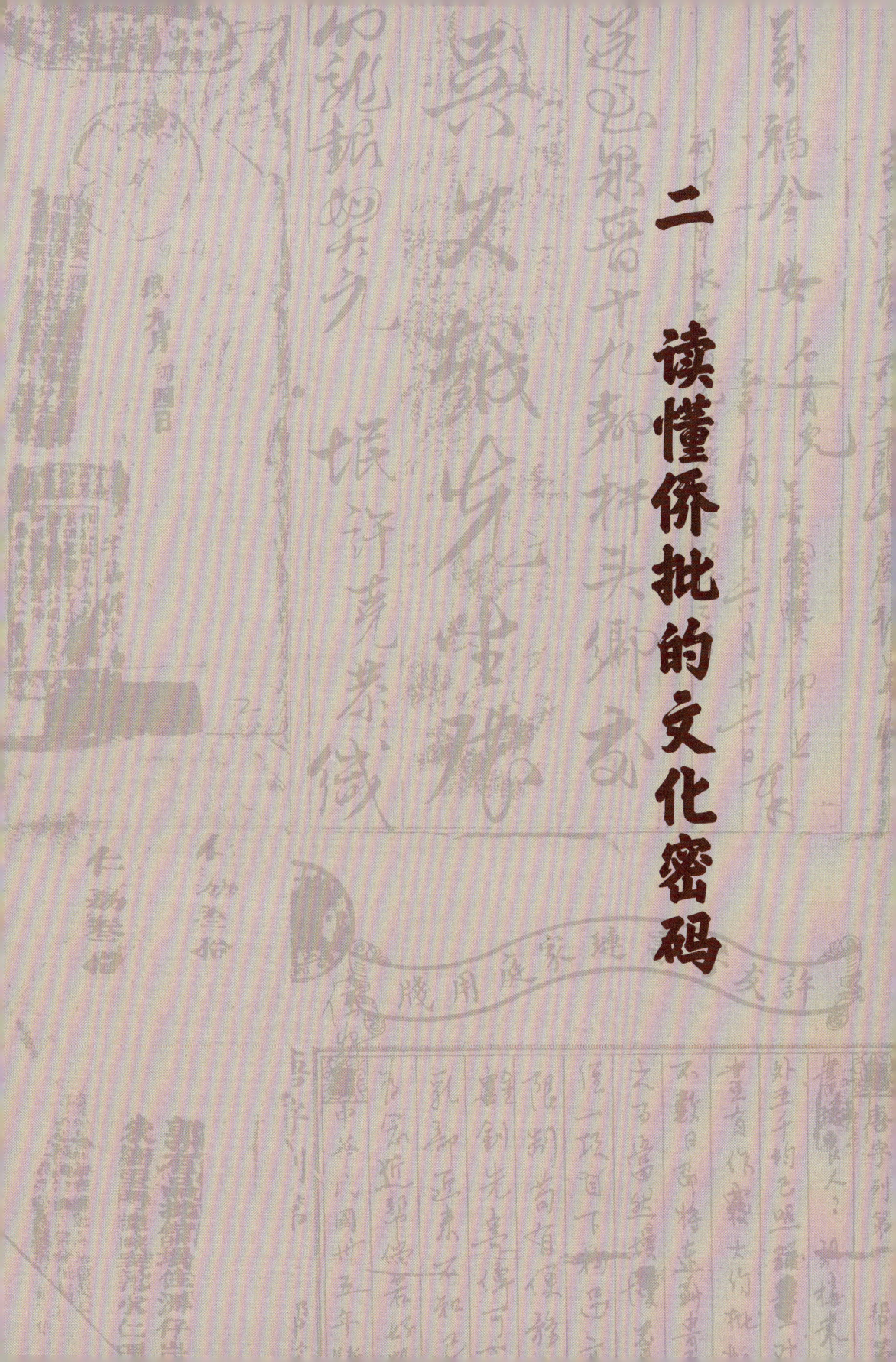

在电子邮件、手机发达的今天，侨批已经成为逝去的历史记忆。随着侨批被列入《世界记忆名录》，有关侨批的宣传、展出等日益增多。在一些报道、展览中，往往会配上侨批原件的图片，不过，对于普通民众来说，读懂侨批并不容易。时代的不同，对于传统书信的不了解等等，都成为人们欣赏侨批的障碍。

一封完整的侨批包含批封和批笺两部分。要看明白侨批，自然也应当了解渗透于其形式与内容中的中国传统书信文化。尽管有其特殊性，但侨批里仍然处处都体现着中华传统文化与礼仪规范。

1.拆封：批封上的那些"密码"

侨批最鼎盛的时代是清末到民国时期，这一时期书信基本是竖版书写，阅读顺序是从右到左、从上到下。侨批的书写方式也大多如此。

在批封正面，右侧一般写的是收信人的地址，为便于侨批寄送者更好地寄送侨批，有的地址不仅写到市镇、村或街道，有时还会写到房屋具体的所在位置，如前屋、后屋等，或者房屋的具体信息，如新厝、旧厝等。

批封正面的正中间，一般写着收信人的名字。许多侨批往往不写具体名字，而只写寄信人对收信人的称谓，如"母亲大人""家母大人"等等，有些甚至连地址都没有。在今天，这样的书信是寄不到的，但在以熟人收寄为基础的侨批业，这样的书信仍然可以妥当地送到收信人手中。

批封正面的左侧，是最能反映侨批特色的一个区域。在传统书信中，左侧一般是寄信人落款之处，而侨批除了落款，还会在批封左侧上方位置写上随信所寄款项数目、货币种类、货币单位等，如"外附洋壹拾伍大元""外附银肆元"等。这也是侨批与普通家信最显著的一个区别。

在侨批业初期，批封一般采用的是传统的红条封，这样的信封在书写收信人的位置是纯红色的长条形。随着时间的推移，红条封逐渐演变为各种印刷着精美山水花鸟画或者古代历史人物故事白描图的款式。1928年，香港永发印务公司在印制格式化批封时，在批封中间收信人位置印制不同

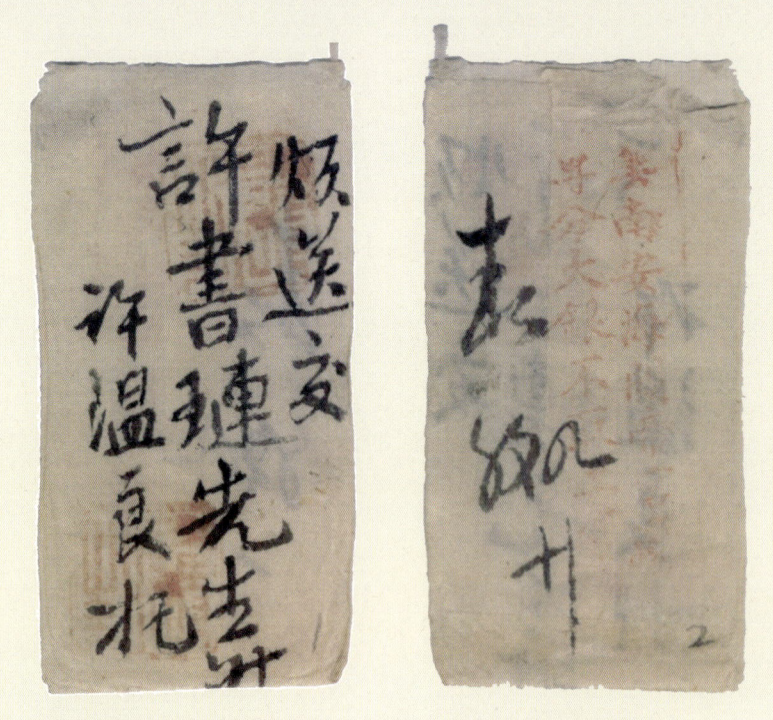

1925 年晋江龙湖梧坑许温良寄给菲律宾华侨许书琏的回批

1947 年菲律宾华侨吴修乳寄给晋江第三区锡坑乡吴天振的侨批

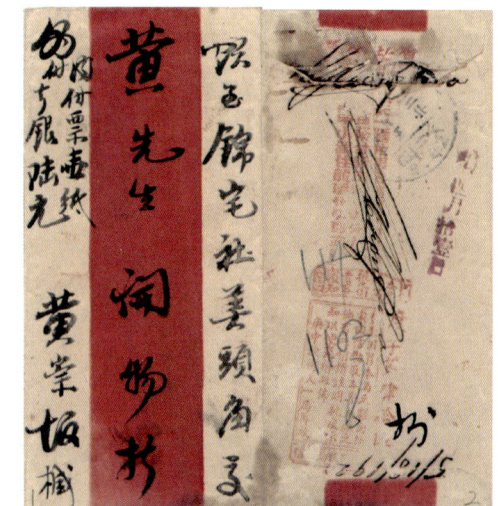

红条封

的背景图案，最先采用的是中国传统的民间绘画，如陶怡松菊、富贵寿考、仙人骑白鹿等等，有40多种主题款式。

这些图案往往采自中华传统文化中的典故，例如"陶怡松菊"是用晋代诗人陶渊明享受田园生活的画面，"仙人骑白鹿"用的是汉代乐府《长歌行》中的诗句作为典故。选择哪些典故作为主题，这可经过了批封设计者的考量，一般表达着寄信的华侨对故乡的眷恋或者用典故暗示华侨的道德品质等，有些则反映着美好寓意，例如富贵寿考、福禄寿之类，表达了对收信亲人的美好祝福。

除了传统文化典故，批封正面最常见的图案还有水墨山水和花鸟等，这不仅因为山水花鸟本身具有美感，而且也通过山水花鸟的图画来表达美好寓意。例如山水画最常见的主题"松鹤"，就表达了对长寿的祝福。此外，一些重要的传统节日或者闽南当地民俗文化活动，也会有专门的主题款式，例如春节特有的"大红包"款式等。

"以介眉寿"主题封

"八百长春"主题封 　　"陶怡松菊"主题封

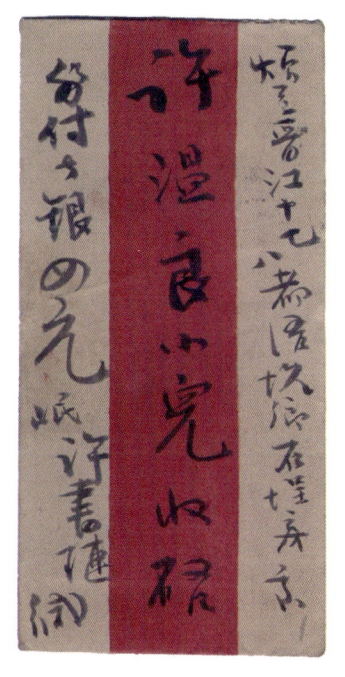

1932年菲律宾华侨许书琏寄给晋江龙湖梧坑许温良的侨批

批封的背面，也是侨批信息量比较集中的一个位置。一般背面会有"×字×帮×号"的标识，这叫做帮号，是由侨批业运营所产生的。

侨批的运输主要依靠从国外到国内的航船，所谓的"帮"最初就是标识航船的班次，用航船的班次来说明侨批的批次，一般用数字表示。而一封侨批在某个批次中的编号则用"号"来表示，也使用数字。而"字"则是用汉字标识侨批局、商号或者地名，例如"品字"就代表郭有品创立的天一信局，有些侨批批封上的"字"也用《千字文》"天地玄黄、宇宙洪荒……"等为序。

20世纪初，较大的侨批局每年有40至50帮，每帮侨批从数百封到上千封不等。

帮号是侨批非常重要的信息，根据帮号，侨批局可以编制帮单，类似于今天的客户资料表，将"×字×帮×号"和寄信人姓名、地址、钱款以及收信人姓名、地址等登记造册，方便不同流程之间的交接，同时也可以方便投递。前面说过，批封写有"母亲大人收"的书信往往也能寄到，帮单在其中也起了不少作用。

需要注意的是，用来标识帮号的数字比较特殊，这种特殊的数字表示方法叫做苏州码，又叫做花码、商码、番仔码，由算筹演变而来，最初起源于明代苏杭地区商界，用于计数、记账、标价，到清末至民国初期，已经广泛应用于民间。

苏州码与阿拉伯数字之间的对应关系如下：

苏州码的1、2、3一般用竖笔表示，但是如果表示21、22之类的组合时，一般写作"〢一""〢二"，因为如果写成"〢丨""〢丨丨"，容易和3、31产生混淆。

除了帮号，许多华侨在书信内文中谈及所寄回的钱款数量，也往往使用苏州码表示，这也算是另类的"密码"了。

除了"×字×帮×号"的标识，有些侨批局会有自创的印戳，用来宣传批局或是将一些信息告知华侨和侨眷，例如告知侨眷该局批脚"不收酒资"之类。这在王顺兴信局、天一信局等批局的印戳中很常见，这类印戳叫做信用戳。批局的印戳也往往会带上地址，以方便华侨或侨眷就近投寄侨批。

一些侨批局会印制侨批封，这类批封背面一般会印刷上批局自家的广告。如果有邮票，一般贴在批封背面。

批封背面的印戳会反映出时代特征，例如，九一八事变后，海外华侨发动了抵制日货的运动，许多侨批宣传戳都印有"抵制仇货，坚持到底。卧薪尝胆，誓雪国耻"等内容。

值得一提的是，中国古代的传统书信经常在封口处使用封泥等进行加固，防止泄密，在侨批中也有在批封封口处加盖"护封章"的情况，作用也类似于封泥。有时也直接在封口上写一个"固"字，起到护封的作用。

代书人帮华侨代写侨批

2. 展信：丰富多彩的批笺

拆开一封侨批，首先映入眼帘的就是信笺。侨批的批笺多种多样，可谓百花齐放：有些侨批局会印刷自己的专用笺，一些华侨则使用工作所在的公司的专用信笺，也有些华侨家族甚至会印制家族专用信笺……

菲律宾南川汇兑信局信笺 　　　　吴顺成酒厂有限公司信笺

随着侨批业的发展，格式化印刷的信笺渐渐成为主流。信笺所使用的图案也日趋多样，其中一类就是山水、花鸟、人物等绘画。当然，由于信笺本身主要是为书写而设，如果画面太复杂，不免影响阅读，所以这类信笺比较少见。

侨批所盛行的年代，中国正处于大变局之中。时局也会影响批笺的图案。在民国时期，一些批笺会阴刻孙中山的语录，如"革命尚未成功，同志仍须努力"等，有些批笺甚至会在抬头印刷"总理遗嘱"全文以及孙中山的头像。

1906年，中国航空之父冯如提出航空救国的主张，这一理念获得不少华侨的认同，由此也诞生了航空救国笺，信笺中印有战斗机的图案和"航空救国笺"的字样。

在抗战时期，信笺中出现了大量紧跟抗战形势的宣传标语，比如"同胞速起！抗日救国"等。这些批笺体现了华侨们心系祖国，用实际行动支援和鼓励国内抗战的决心，也展现了侨批业经营者紧跟时事、对国家民族前途命运记挂于心的情怀。

随着侨批业的发展，一些侨批局也从早期的代顾客写信业务中得出灵感，开始印制一些成笺或者便笺。这类信笺会将书信中常用的套话印制在信笺上，只需要在留出的空位上填写收信人、

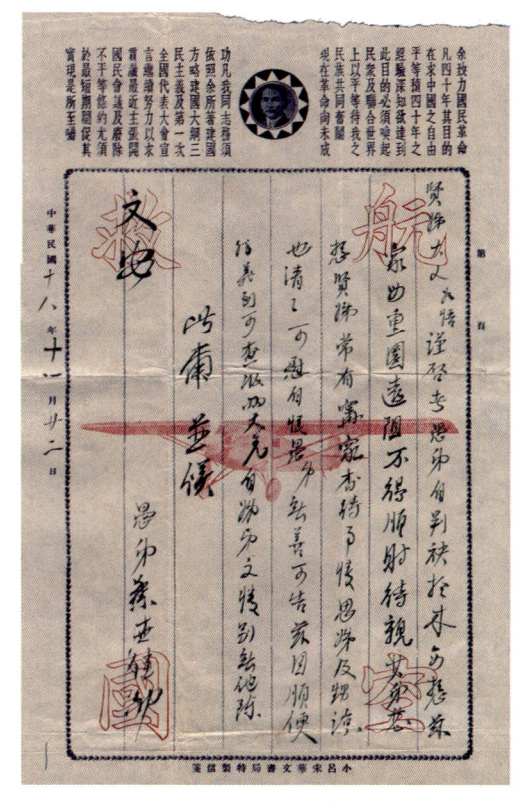

航空救国信笺

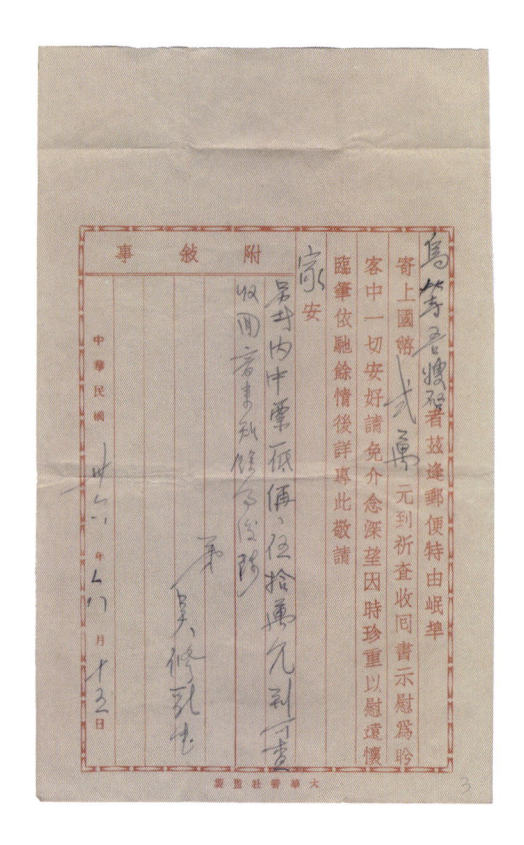

1947年菲律宾华侨吴修乳寄给嫂子的侨批，这类侨批已将书信常用格式、套语准备好。

【信文】乌等吾嫂：启者。兹逢邮便特由岷埠寄上国币贰万元，到祈查收，回书示慰为聆。客中一切安好，请免介念，深望因时珍重以慰远怀，临笔依驰余情后详，专此敬请家安。另者内中票一纸戴伍拾万元，到可查收，回音来知，余事后陈。弟 吴修乳书 中华民国三十六年六月十五日

所寄款项数量等，就完成了一封书信，可谓简便。对于不识字的华侨来说，这类信笺十分便利，只需要请他人代填几个字就能完成寄信，如有其他话要说，可以在附言中添加。

还有一类信笺将批封和内信合一，叫做邮简。这类信笺背面印有信封格式，在写好内文后，按照折线折好密封，填好收信人地址、姓名等，就可以投寄。这种形式早在清末就已经出现，后来一些批局乃至邮政部门也开始印制。

华侨中使用公司用笺的也不少，这类信笺一般都会在抬头印刷公司的名称、标识、地址等，有时也会写上公司主要经营的业务，实际上也起到

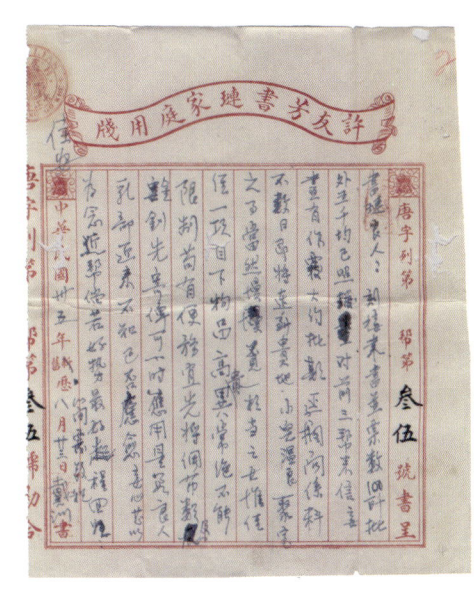

1946年晋江龙湖梧坑许温良寄给菲律宾华侨许书琏的回批

【信文】左图 父亲大人尊前：儿自到里后，屡接大人来信及银数及教言种种，心甚以为喜。奈儿自回里后，心神不知何故不能自在，非常灵散，写寄时常也不能自然下笔，此莫非是儿之运命。此后儿如有作书不能自然，望大人即加体谅。大人倘属可能需望早归，休养身体为要，至盼。略此敬祝 康安 1946年旧历八月廿三日书

右图 书琏良人：刻接来书并票数10万元，批外五千，均已照拨查。对前三帮来信，妾查有作覆，大约批期延搁关系，料不数日即将达到贵地。小儿温良聚室之事，当然慢慢，不见一顿当之女。惟经经一项，目下物品高贵异常，绝（决）不能限制。苟有便，务宜先将绸布数及金钏先寄，俾可一时应用是要。良人乳部近来不知已否痊愈，妾心甚以为念，近帮倘若好势，最好起程回归。简复敬祝 佳安 戴训书 中华民国三十五年旧历八月廿三日

广告的作用。这类信息一般都同时采用中英文，反映了当时海外企业的国际性特征。

一些华侨家族则有自己家族专用信笺，例如许书琏家族的一些侨批，信笺上方就印有"许友芳书琏家庭用笺"的字样。

3. 品读：礼数周全的传统家书

中国传统书信，包含着丰富的礼仪内容，具有浓厚的中华文化色彩。侨批也是如此。

一封传统家书，往往包含称谓、提称语、起首语、正文、结束语、祝颂语、落款和日期等几个部分，侨批也遵循中国传统家书的格式。

收信人姓名称谓一般写在起首顶头第一行，寄信人署名一般在整张信笺的二分之一以下。不过，早期的家书，尤其是清末到民初的家书，有时也将称谓写在一封信的末尾。这在同安华侨黄开物给妻子的侨批，以及颜良瞒给妻子的侨批中均可见到。侨批常常是写给父母、妻子，因此"双亲大人""慈亲大人""贤内助"这类称谓极为常见。

对于不同身份的收信人，有不同的提称语，如父母用"膝下""尊前"等，一般长辈用"钧鉴"等，对妻子用"妆次""妆鉴"等，对丈夫则用"英鉴"等，对兄弟往往用"手足"等，对于子女晚辈往往用"收览""知悉"之类。

对于父母等尊长，许多侨批，尤其是清末到民国的侨批，往往采用古代书信中的"平阙式"礼仪，例如"双亲大人""慈亲大人"等称呼文字要高出正文，这叫做"抬头"，高出两个字的距离，叫做"双抬"，要比高出一个字距离的"单抬"更加尊重一些。在正文中，提到父母等尊长，为了保持尊重，需要换行，让尊长的称谓始终位于一行之首。如果不换行，就要跟上下文空一格。在行文时，晚辈自称如"儿"等一般字体要比正文字体小，并且位置应当靠右一些，以表示谦卑。这些在侨批中多有反映。

书信的开场白，对父母一般用"敬禀者"，大意是："我恭敬地禀告的事情如下。"对于一般尊长则用"敬启者"，对于平辈等常用"启者"。

一般在开头还需寒暄客套一番，表示写信者对收信人的思念，例如"拜别至今，靡日不切念"之类，有时也表明自己已收到来信，例如"顷接来示，内中详情均已知悉"之类，这在传统家书礼仪中叫做"起首语"。

当然，也有些人不拘小节，对于极为亲近的妻子、兄弟，有时会省略起首语。如同安华侨黄开物在给妻子的侨批中，大多会在正文旁边写上"夫妇之情，套文弗叙"之类的句子，省去起首语，直接进入正文。

1911年菲律宾华侨黄开物在批信中劝妻子放足

【信文】夫妇之情，套文弗叙。迳启者。前逢平轩之便，顺付及洋络一忱，银四元，到祈收入，回示来慰。目下四国起兵迫入中国，将来必有大乱，尔妇人切顺此时放足，愚也屡次催劝，均置外，愚实未解。若尔欲同愚来岷之计，切当放足，此时亦当备办行装。愚若言旋只几日而已，即欲再往。玉体自爱，愚身无恙，勿介。专此奉。并庆林氏贤内助妆次　闺安　愚夫黄开物书　辛三月初七日

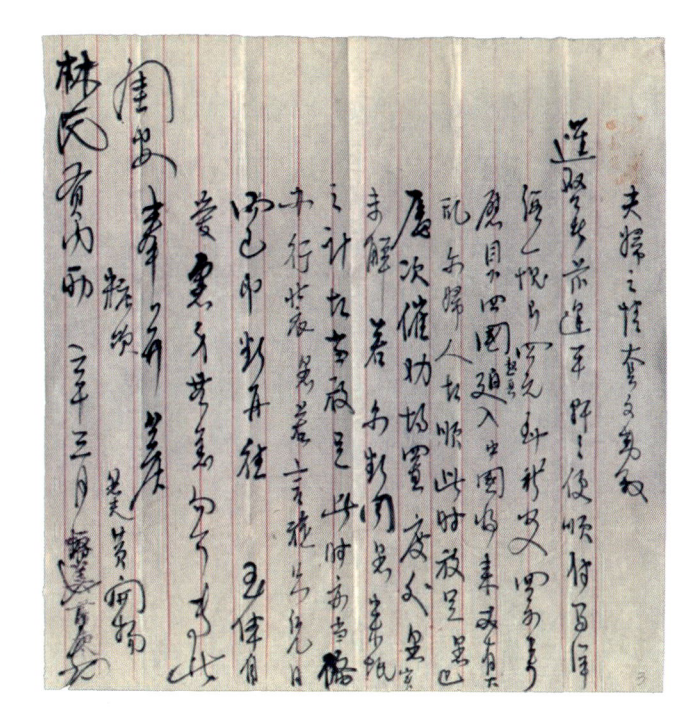

侨批正文大多和传统家书接近,对于长辈,一般禀告自己在外情况,报平安,同时表达关心和问候;对于妻子,往往表达思念,或是处理家庭琐事等等;对于其他亲戚朋友,提及事项往往更广。

汇款是侨批非常重要的一项功能,侨批中一般会提及所寄回的款项,与批封相互呼应。不少华侨都会详细开列所寄回款项的用途,以及如何分配等,甚至这些内容会成为一封侨批的主要内容。"兹逢邮便,特寄回银××元,到祈查收,回书示慰为盼"这类辞句,几乎成为侨批内容的定式。

同时,作为家书,向家中传达自己在外的状况,向亲人传达保重身体之类的祝福,也是侨批的重要内容。"客中一切安好,请免介念。深望因时珍重,以慰远怀。"这类辞句也是报平安、表达期望所常用的套语。

在正文完结之后,往往要加上结束语,表示郑重的往往用"专此"等,如果时间比较匆忙,则用"匆匆"等,有时也常用"余情后详"等套话。

写完结束语,还要加上祝颂语,在现代书信中,常常使用的"此致　敬礼"其实就是祝颂语的一种。在侨批盛行的时代,这类祝颂语非常复杂,根据收信人身份不同有不同的用语。例如父母往往用"敬颂钧安",妻子则用"妆安"等。

落款也要根据称谓规范进行,晚辈在落款时往往也加上"儿"之类,这类称呼也一样要遵循文内出现的格式,小字、靠右。除了署名之外,有时也在后面加上"叩禀""顿首""上""拜上"等等,这叫做"具名语"。

侨批最后的日期,早期往往用干支表示年份,并且使用农历月份。不过侨批往往写给亲近的人,在清末到民国初期的侨批中有时年份干支没有写全,往往只写一个天干。民国以后,往往用民国纪年,也有些侨批使用公历。中华人民共和国成立以后,普遍使用公历。

三 侨批建构的跨国金融网络

从水客到侨批局，侨批业从源起于民间的金融与通信，发展成为一个以民间渠道将中国与世界连接起来的行业，建立起一张跨越国界的庞大金融网络。

在侨批局的经营故事中，我们不仅可以看到中华民族传统的诚信经营理念，更可以看到现代跨国金融企业的雏形。与欧洲殖民者通过金融网络控制他国经济贸易乃至操纵他国政治不同，侨批起源于华侨朴素的养家愿望，它所建立起的金融网络，不仅有着浓郁的国际色彩，更充盈着移民家书的温情。

侨批，不仅是一封封家书，它还是一张张汇款凭证，一份份货币汇兑行情表，蕴藏着一段近代中西交融的金融史实。

1. 回首百年侨批业

在侨批盛行的时代，没有便捷的汇款、支付、汇兑手段。华侨在海外辛苦劳作，攒下钱财，自然也希望能够安全、便捷地将它们送到亲友手中，他们也迫切地希望承载着自己或国内亲友信息的侨批，能够安全、便捷地到达。

如何让侨批安全、便捷地完成跨国旅行？这一需求，催生了一个跨度长达百余年的行业——侨批业。

在无法亲身将钱款带回家的背景下，托同乡、亲友甚至回程的水手等带信和钱款回家无疑是华侨最自然的选择。这也正是侨批业最初的形态——水客递送。

水客们到华侨比较信任的小商店、小杂货铺，等待来寄批的华侨，在收集华侨信款后，带回国内交给侨眷，收取一定的手续费，或者先用所托批款采购货物回乡，等到出售后再将原款额及批信交给侨眷。家乡人收到批款后，也让水客将回批带回南洋。

水客收取信款后，为了留存记录，一般会按照船的批次编写信件和汇款的号码，这就形成后来侨批业运转中非常重要的帮号。

在福建晋江有一首民谣，其中两句提到"客头行厦门，批脚来就问"，这些从事具体派送工作的人就被称为批脚。

何以侨批

海外批局

实际上，许多水客也将派送工作交给民信局等机构来完成。民信局作为民间邮政机构，主要业务是收寄民间信件、包裹，甚至还涉足汇兑等其他业务。这也使其跟侨批业不谋而合。民信局送信，要收取一定的报酬或者手续费，叫做酒资或酒力，这也被后来的侨批业沿用。在民国时期，政府相关文件中，经常把民信局和侨批局混淆称呼，民间文章中混用的现象更多，这也体现了两者关系密切。

随着侨批、侨汇的增加，依靠水客个人收汇派送的方式越来越不能满足需要。一些人看到了侨批中所包含的机会，成立了专门的侨批局；有些专为移民提供住宿的客栈以及经营中国和南洋土货的商号也开始兼营侨批业。

由此，侨批局开始成为侨批业的主流，这也意味着侨批业进入一个相对规范的发展阶段。

如果拿侨批业和今天的行业作个比较，那么在某些方面，侨批业和快递行业有几分相似：和快递小哥一样，侨批局的批脚们也实行上门服务，同时，侨批业也同样收寄包裹。许多海外华侨也通过水客将海外购买的衣服、鞋等物品寄给国内的亲友，同时国内亲友也会寄送家乡特产给他们。

当然，和快递以及快递所属的邮政行业最大的不同，是侨批业涉足金融，尤其是汇兑。华侨汇款给国内亲友，常需要将侨居地的货币转换成国内货币，因此侨批业所涉足的主要是国际汇兑。汇兑差额更是不少侨批局的盈利来源之一。

批局兴盛的时代，是中国邮政、金融体系日渐发展的时代，侨批汇款越来越受国家的外汇收支管理体系影响。批局要想完成侨汇资金的调拨，往往需要借助国际金融汇兑体系，尤其是国际银行。

随着侨批业的发展，侨批局和外资银行，以及华人成立的银行之间的合作日益紧密，侨批局汇集华侨手中的小额汇款，积少成多后通过银行汇出，利用银行大额汇款的优惠和便利来调拨款项，而银行也能通过侨批局的汇款赚取手续费和汇兑收益，这是一种双赢。

对于一般人来说，没有必要细究一封侨批从海外寄出人手中流转到国内侨眷手中的种种细节。我们只要关注流转过程中的三个主要环节。

第一个环节就是收寄环节。一般由设立在海外各国的批局负责揽收，从事这一环节的批局或其代理机构，被称为头盘局。华侨可以直接到批局设立在海外各国的店面投寄侨批。收到侨批后，一些批局会开具收据给寄出人，方便将来查询核对。

接下来，侨批就会从海外转到国内口岸，在这里，侨批将被进行分拣、编号登记，以方便接下来的投递工作。从事这一环节的批局或其分支机构叫做二盘局。二盘局需要负责的事项非常多，除了承转进出口的侨批外，还有回批的抄底、封发，甚至连批银的调拨也需要参与。

作为福建与东南亚贸易的窗口，厦门很早就成为华侨华人的出入口岸，也成为连接侨乡和海外的重要枢纽。正因如此，闽南侨批最主要的中转口岸就是厦门。比如，天一信局二盘局就设立在厦门。

经过二盘局分拣之后的侨批就会进入设立在各个侨乡的派送机构，开始投递。这类派送机构一般被称为三盘局，负责将信和钱款分发到每家每户的侨眷手中。

当载着侨批的船到达口岸的时候，三盘局就会派人到二盘局等候。在以银元为主要货币的时代，三盘局还需要"看银"，也就是甄别银元的成色等。信差派送的时候，将批款付清，同时将回批带回。

所谓的回批，相当于回执加附言，既作为侨眷收到侨批信、款或包裹的收据，同时也具有家书的功能。侨批和回批相伴相随，只有寄批的华侨收到回批，才算是完成一单侨批业务。

收揽、承转、派送，再加上侨汇资金的调拨，就构成了侨批局运营中最关键的几个环节。

侨批业作为一个行业，内部分工是自然而然的事，头二三盘对收揽、承转、派送以及资金调拨等环节的分工，也让侨批业形成了非常复杂的网络。有些侨批局专门做头盘，有些兼营二、三盘。头二三盘之间一般也会形成比较固定的委托关系，一家头盘局委托多家二盘局，而一家二盘局可

信差收寄侨批

侨居地汇寄的物品抵达侨乡港口

43

能接受多家头盘、三盘局的委托。

由于侨眷居住地多在偏远乡村，批局不论路程远近、金额多少都登门解送，手续简便，在侨胞没有现款时，批局甚至可以先替其垫款汇寄给亲属。另外，不少批脚还会帮助不识字的侨眷念读来信、代写回批。这些富有人情味的服务使得批局深受侨民侨眷欢迎。

1896年，大清中华邮政局成立后，将批局纳入管辖。1913年，中国加入万国邮联。邮政、银行的发展，使得信、汇管道日趋便利及多样化，对民间侨批业产生了冲击。

20世纪30年代以后，不少银行介入侨批业，但侨批业灵活机动的营业方式，以及依靠熟人网络形成的投寄体系，充满人情味的服务，却是银行无法取代的。由此，民间批局凭借其草根性与官方邮传机构、银行分庭抗礼，其侨批业务依然占据举足轻重的角色。

1934年，晋江的锦昌信局经理吴上珍发起成立侨批同业公会，"晋江县银信业同业公会"就此诞生。当时的发起单位共7家，泉州城内6家，晋江石狮大元信局一家，吴上珍被选为理事长。之后，厦门银信公会、菲律宾华侨汇兑信局同业公会、南洋中华汇业公会、新加坡闽南汇兑公会等纷纷出现。借助同业公会，侨批业抱团取暖，继续维持。

当然，侨批业的活力主要在于其群众基础。从侨批业的运营来看，一大特色就是依托熟人网络。华侨选择投寄的批局，往往根据地缘、亲缘关系选择相熟的机构，而设立于侨乡的派送机构，更是对所派送区域情况以及侨眷情况非常熟悉，像地址不全、收信人信息不全这类被今天的邮政机构当作退信处理的情形，在侨批业中却不是什么影响投递的难题。只要华侨有需求，而官方机构又不能完全满足，自然会给予来自民间的侨批业生存的土壤。侨批业起于民间、扎根大众，也是其生命力所在。

中华人民共和国成立后，中国政府和福建省人民政府制定了一系列政策和奖励措施，鼓励侨批业扩大收汇业务。1976年，侨批业务并入中国银行，曾经盛极一时的福建侨批业至此在国内逐渐退出历史舞台。

信差将侨批送达侨眷手中

何以侨批

侨眷读侨批

2. 红侨水客的故事

在侨乡，老一辈的人都知道水客。所谓水客，最初源自中国东南沿海地区民间对从事水上小型贩运生意（俗称走水、批脚等）的小商贩的称呼。他们经常往返于国内和海外，凭借自己对旅途及国外情况的熟悉，携带土产贸易。

有些水客也涉足引导新到异国的华侨（新客）等事宜，他们帮助新客出国，代办出入口手续，乃至为其介绍职业，这类从事引导、招募和组织运送新客的水客又被称为客头。

水客起源于何时，早期文献留下的记载很少，一般认为华侨或华人多的地方，水客或者水客业就应运而生。

成立于1742年的吧城（今印尼首都雅加达）华人公馆，在处理华人社会相关事务中积累了不少记录，这些记录形成了《公案簿》。在《公案簿》中保留了不少跟唐人银信有关的纠纷，时间跨度从1788年到1849年。

这些记录表明，早在18世纪80年代，就已经频繁有华人托人携带钱和信回家，所托之人或者是表亲、堂亲，或者是同宗，此外就是水客。

由于业务的性质，水客经常往返于国内外，成为华侨托带信款的最佳对象。

在漳州市龙海区白水镇金鳌村澳内社南溪湾边，坐落着一处规模庞大

何以侨批

侨眷分发物品

继鳌堂正厅

的华侨大厝——继鳌堂,其主人杨南离就是一个水客。从他的一生中,我们或许可以窥见清末民初水客的生存状态。

白水镇旧称白水营,地处福建第二大江九龙江的出海口,为九龙江南溪的重要码头。清末民国时期,白水营商贸发达,是上游漳浦的东泗一带通往厦门、金门等地物资的集散地,也是周边百姓出洋谋生的一个主要埠口。便利的交通,使得白水营发展为闽南一带的一处重要的侨乡。

年轻时,杨南离在附近的白水镇当过一段药店学徒,后来他跟家乡的亲人一起下南洋到新加坡行医,依托在新加坡同乡人多的优势,杨南离开始做起水客生意,专为华侨代理托送信款。

水客经营最需要的就是诚信,年轻的杨南离深谙此道。他守信用、讲义气,为华侨代理托寄信款,都能稳妥送达,因而业务发展很好,成为乡族中知名的批客。

何以侨批

杨南离像

事业有成后，杨南离在祖地开始修建"继鳌堂"大厝，1935年开工建设，前后历时两年于1937年完工。1938年杨南离回到国内定居于继鳌堂。

在继鳌堂有一对以"南离"开头的藏头联，"南国营商躬行信义方能满载而归荣故里，离乡雅操手续完全始得同胞洽望贺新基"，这副对联记录了杨南离20余年的躬行信义、得到同胞认可的水客人生。

杨南离是一个富有正义感的商人。20世纪30年代，杨南离利用水客身份协助包括次子杨新容在内的厦门、漳州、海澄等地一批地下中共党员、进步青年转移到印尼、越南、新加坡等地，并通过乡谊的关系，让当地华侨对他们提供帮助。杨南离不畏风险、慷慨解囊，鼎力资助革命青年的行动，体现了其崇尚进步思想的风范。

在战火纷飞的年代，继鳌堂还曾作为中共地下党支部的据点和交通站，多次为地下党组织的活动和人员过境、伤病员的看护提供经费、场所和掩护。当年活动在闽南的革命先辈陶铸、彭冲以及许多进步青年和华侨都曾在这里落脚并转移到其他地方。

杨南离长子杨欣木，15岁即随父到椰城当商店学徒，先后在吧城、新加坡、缅甸仰光等地开创了集百货、商城、房产于一体的商业模式。日军进攻仰光时，他参与组织货物运回中国捐助抗战，车队在通过滇缅公路时遭日军军机轰炸而失踪。次子杨新容在学生时代便参加了"革命协进社"活动，1927年1月加入中国共产党，是民国时期海澄县早期的中共党员之一。杨南离的四子杨新友、五子杨新田、幼女杨如意等也都先后参加各种革命活动。

3.侨批业巨擘：天一信局

在侨批业鼎盛的时代，批局曾经遍布于福建全省各地，最盛时达500多家。

规模较大的批局一般设有总局及分支局，总局设于南洋，分支局设于国内汇款较为集中的地区。同时，海外的福建批局遍及新加坡、印尼、马来西亚、菲律宾、泰国、越南、缅甸等国家和地区，形成了一个庞大的侨批经营网络。

以乡谊为纽带，还形成了以厦门、福州、涵江等口岸城镇为中心的闽南系、福州系、兴化系、闽西系等四大侨批地域体系。

闽南系侨批的派送区域包括厦门、金门、同安、晋江、南安、永春、安溪、德化、惠安、龙溪、漳浦、华安、长泰、南靖、漳浦、云霄、诏安、东山等闽南地区十几个县市。其收发中心位于厦门，主要收汇地是菲律宾、马来亚、新加坡和印尼，还有少量来自缅甸、越南、泰国等地。海外寄来闽南的侨批大多数经厦门局承转，然后送至泉州、漳州各县的分支或代理机构，再由其解付至侨眷手中。由于闽南是福建省出国人数最多的地区，闽南系侨批也成为福建侨批史上历时最长、规模最大的一个体系。

福州系侨批即闽东地区侨批，其派送区域包括闽侯、长乐、福清、永泰、闽清、三都澳及闽北的部分县市，海外收汇地主要为新加坡、马来亚、

位于漳州台商投资区角美镇流传村的天一信局总部大楼旧址

印尼及缅甸等地。

兴化系侨批承转局大多开设在涵江镇，派送范围为仙游、莆田两县及福清的部分侨乡，海外收汇地主要是新加坡、马来亚、印尼等地。

闽西系侨批大多由厦门或广东汕头承转，派送范围包括龙岩、永定、上杭、长汀等地，海外收汇地主要是新加坡、马来亚和印尼等地。

清末民初曾经称雄闽南民间侨批业近半个世纪的天一信局，就是闽南系侨批局的一大巨擘。

天一信局的创始人是清朝末年旅居吕宋的龙溪华侨郭有品。他从水客做起，到创办天一信局，并且将信局逐渐发展成在海内外拥有30多家侨批分局和代办点，拥有自己独立的头二三盘局，实行"一条龙"式运营模式的大型民间信局。

郭有品，字鸿翔，漳州府龙溪县流传社人（今漳州台商投资区角美镇流传村)。郭有品年幼丧父,由母亲丁氏抚养成人。17岁时他得到堂兄郭有德的资助,远涉重洋抵吕宋(今菲律宾)谋生。由于他勤劳朴实,谦恭有礼,在乡侨中深得信赖。

1874年,21岁的郭有品开始做起了为华侨携带银信回唐山的水客行当。从多年从事水客的实践中,郭有品领悟到经营水客送批收入颇丰,不仅便利华侨与唐山祖地亲人之间的汇兑往来,还可以沟通和联系两地之间亲人的感情。

1880年,郭有品在家乡流传村创办了"天一批郊"(天一信局的创办时间还有创办于1890年、1892年等几种说法),经营吕宋与闽南之间的华侨银信业务。

1892年,郭有品将信局扩大为四个局,在家乡流传设总局,在厦门的港仔口、晋江安海石埕街和吕宋设三个分局,改名"天一信局"。天一信局成立后,他购置了两艘小汽船,开通厦门至流传、厦门至安海之间的邮路,从收汇到解汇形成一条龙服务。

天一信局创办人郭有品肖像

天一信局收汇解汇及时安全,信誉有保证,声誉远播,华侨侨眷纷纷通过天一信局汇寄款项。由此天一信局业务逐渐发展,于是在菲律宾的宿务、怡朗、三宝颜又增设了三个分局。

1896年,清政府正式开办大清邮政,一年后,厦门邮政成立,称"大清厦门邮政局"。根据规定,经营批信的民间侨批局必须向大清邮政登记才可以合法经营,天一信局以"郭有品天一信局"的名称登记注册。此后,天一信局不断拓展外埠业务,在香港、安南(今越南)等地增设分局。

1901年,郭有品不幸染疫逝世,长子郭行钟(字用中,1884—1947年)继承父业,在其精心经营下,批信业务锐增,天一信局进入快速发展

何以侨批

阶段。

经营网点日渐丰满，经营方式越发成熟。到1911年，中国邮政与海关分离时，天一信局注册的分局及代理机构已达28家。

1912年，天一信局向中华邮政注册为"郭有品天一汇兑银信局"。1915年5月20日，中国银行厦门分行成立，天一信局开始兼营汇票生意，资金实力更为雄厚，业务发展走向鼎盛。

根据史料记载以及近年来新发现的侨批实物，从1911年至1922

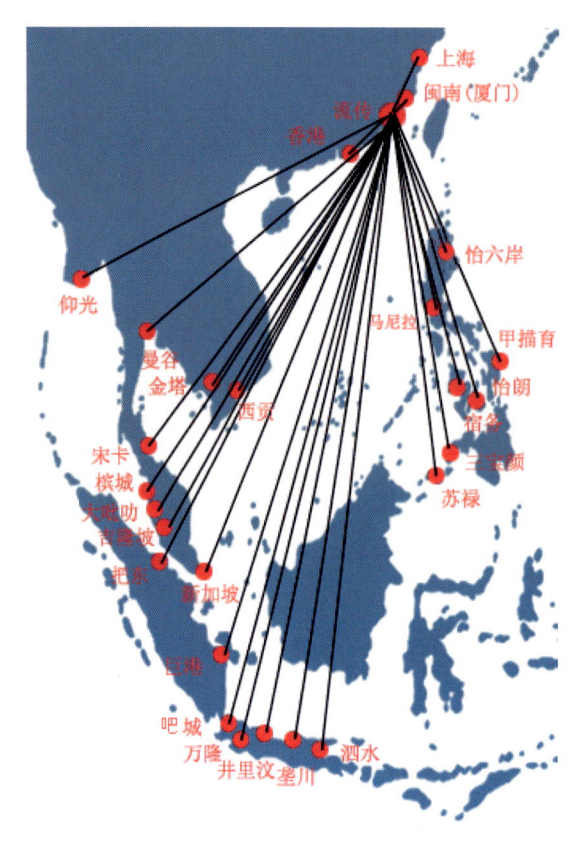

天一信局经营网点分布图

年，天一信局在海内外的经营网点有：菲律宾的吕宋、宿务、怡朗、三宝颜、苏禄、怡六岸、甲描育，海峡殖民地的槟城、马六甲、大吡叻、吉隆坡、新加坡的实叻、小坡，荷属东印度的井里汶、吧城、垄川、泗水、巨港、万隆，暹罗（今泰国）的曼谷、宋卡，安南的把东、西贡，以及缅甸的仰光、柬埔寨金塔等7个国家共25个分局，国内从原来的厦门、安海、香港发展到漳州、浮宫、泉州、马銮、同安、上海、港尾等9个分局。

天一信局在侨批的收递过程中，制定了一整套严格的规章制度。"分局要信，逐日发付"表明天一信局十分注重时效；收信时，信局还要在信封上写上编号、设簿登记，同时发给寄批者票根，以备查询。

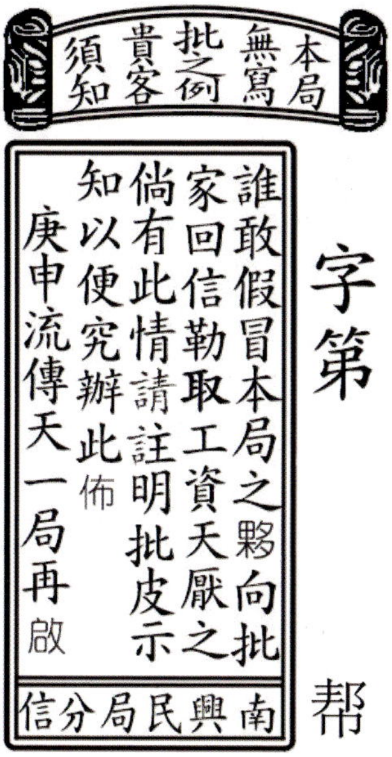

由于当时存在邮差索要小费的现象，天一信局专门在侨批上加盖"无取酒资，无甲小银"信用戳。

那个时期，民众识文断字者并不多，尤其是在农村，目不识丁者占大多数。读信、代写回批就成了批脚们的义务。尽管便利了侨眷，但难免有人会利用侨眷不识字的弱点，上下其手，从中牟利。比如，侨批上批注"附去大银二十元"，然而，送侨批的批脚在替事主读信时却读成了"十二元"，写回信时又写成"二十元已收妥"，而后将八元不义之财收入囊中……

有鉴于此，天一信局专门在侨批上加

南兴民局信用戳

侨批封上的天一信局信用戳

盖信用戳，强调了"专交大银，不取工资，无代写回信"的规定。

"专交大银"说明天一信局交付侨眷的批款都是足重的大银元。"不取工资"是告知侨眷不用再支付邮差小费。为了树立诚信品牌，天一信局还为别人所不敢为，强调不为顾客代写侨批，这除了需要相当的勇气和完善的制度外，与其"以侨为本、信用至上"的经营理念是分不开的。

天一信局信用戳上短短的几句告示语，其用意正是在于规范信差的投递行为，树立天一信局的信用品牌。

根据民国学者郑林宽的统计，从1905年到1920年间，天一信局的年侨汇总额有数百万元之多，鼎盛期天一信局的年侨汇总额达千万元大银，占闽南一带侨汇总量的近三分之二。天一信局在闽南侨批业以及金融业的地位由此可见一斑。

1920年，厦门民信局公会成立，作为当时侨批业的龙头老大，天一信局老板郭和中被推举为会长。此后民信局公会改名为厦门银信业公会，天一信局老板为厦门银信业公会主席。

天一信局从1880年创办至1928年停业，历时48年，业务遍布东南亚以及国内的上海、福建、香港等地，是国内较早的一家网络分布较为完善的民间国际邮局，其重要历史意义在于它完成了银信传送从水客走单帮的初级、原始形式，向专业化和国际化连锁经营的转换，建立起一整套批银揽收、承转交接、委托分解以及资金头寸调拨的机制，确保批银运作的效率，为后来的侨批局交接委托形成网络经营模式奠定了基础。

天一信局讲究信誉，经营得法，事业成功后，郭有品及其家族不忘家乡父老，报效桑梓，通过献田，捐资，兴办义塾、小学，设立"唤醒堂"，为贫苦村民施棺施药，惠及乡里，以报答亲人的哺育之恩。

2006年5月，天一信局总部旧址被列为全国重点文物保护单位。

4. 商业信用文化的载体

信用是侨批业经营之根本。与坐等客户上门的银行不同，侨批的信汇往往由批脚递送上门，当面交接，这是银行和邮政局难以做到的服务。因此，也有不少学者认为，侨批业所提供的实际上是个人金融服务，是一种个人信用产品。

批局和银行之间从一开始就有着合作关系。实际上，海外信局负责收拢华侨信件和汇款，它们所收进的往往是侨居地的货币，需要通过外汇市场由银行折成本国货币。也正因此，我们在侨批中常常看到华侨关心汇水，计算寄信当时外币折成本国货币是多少钱，有些时候因为汇兑不划算，还在批中说明当下汇水状况不利，大额汇款需要等待一段时间。

与华侨关心汇水高低、选择有利时机汇款一样，侨批局也会关注汇水变动，它们的汇款量更大，自然更关心变动所带来的利益与损失。

随着侨批业务量的扩大，为了提高汇款的效率，侨批局与银行和邮政系统也开始更为紧密的合作。

在清末和民国初年，中国国际汇兑往往被外资银行所掌握，侨批信局办理头寸调拨往往依靠外资银行；1937年起，福建厦门、泉州中国银行直接参与了侨批的登门派送业务；许多海外华人也成立了银行，如华侨银行就参与侨批的登门业务，而建南银行更是由建南信局发展而来，体现了侨批业和银行业的跨界。

这是一件 1945 年由马来亚马六甲寄往同安马巷曾厝社的侨批,该侨批封的背面,盖有马六甲源裕兴信局 (GUAN JOO HIN) 紫色受理章,同时还盖有马六甲华侨银行 (O.C.B.C. MALACA) 紫色受理章。

1945 年马来亚华侨陈恩温寄给家乡妻子林氏的侨批

【信文】贤内助林氏收知:启者。兹因战争关系,交通受阻,而银信四年未有附回,致家中费用受缺乏之苦,幸得日本已投降,交通以恢复,信汇可达。兹付去国币壹万捌仟元,到可查收,以为家费之用,并询家中定必均安。余仝儿在外亦平安,祈免介意是祷　均安　夫陈恩温上　民国卅四年十月十八日

这件侨批封显示了华侨银行和侨批局之间的合作。接收侨批和批款的是马六甲源裕兴信局,源裕兴信局把批款转给马六甲华侨银行,由马六甲华侨银行转到厦门。

华侨银行(Oversea Chinese Bank Ltd.)为新加坡华资银行,1912 年由林文庆、林义顺、黄仲涵等合作创办。林文庆任首届董事会主席,谢仲宜任总经理。20 世纪 20 年代分别在槟城、仰光、吉隆坡、马六甲、吉兰

丹、占碑及厦门等地设立分行，1929年受世界经济危机的影响，业务衰退。1932年与新加坡华商银行、和丰银行合并成立华侨银行有限公司（Oversea Chinese Banking Corporation Ltd.）。

该行在东南亚新加坡的小坡，马来亚的吉隆坡、安顺、巴株巴辖、吧生、槟城、芙蓉、哥达巴音、吉打亚罗、麻坡、马六甲、新山、怡保，印度尼西亚的吧城、泗水、占碑、棉兰、巨港，缅甸的仰光，越南的海防，泰国的曼谷设有机构；在香港、上海、厦门设立分行。

1932年，华侨银行设立民信部经营华侨个人汇款业务，并与中国交通部邮政储金汇局合作，规定凡在中国国内通邮并设邮政分局的地方，均可代为转交，同时接受侨批局的委托，代为解付侨批款，递送回批。

从这封侨批中可以看到，华侨银行在直接经营侨批时，是与海外的侨批信局合作，这些信局在海外有客户来源、在国内拥有派送网络。在具体运作方法上，华侨银行与海外当地有一定业务基础的侨批局互相合作，完成一般所需要的运作流程（即批款收集、头寸调拨、承转、派送解付四个环节）。

福建侨批局的经营者在调拨头寸的环节上常常利用跨国银行的经营网络，使资金周转更加便捷和安全。一张捷兴号（即捷兴信局）通过吉隆坡华侨银行调拨头寸到厦门华侨银行的汇票就是其中的例证。

1934年马来亚吉隆坡华侨银行有限公司寄给厦门捷兴信局的汇票

何以侨批

　　华侨银行成为海外华侨和家乡之间的情感和经济联系的纽带。华侨银行为众多的侨批局从海外转移资金到国内提供了相对快捷和安全的平台，也为普通的华侨与家乡亲友的联系提供与侨批局相似流程的服务，适应华侨在侨批局寄批的习惯和形式，并与侨居地的侨批局合作经营侨批。

　　值得注意的是，华侨银行开展侨批经营，还和著名侨领李光前在该行任职的时间基本重合。1932年，李光前出任该行董事会副主席，1937年至1964年，担任董事会主席。李光前任职时期，华侨银行对侨批业的贡献在于推动了新马及周边地区与中国之间的资金流动和侨批局资金调拨银行化进程。

　　以跨国银行来经营侨批业务，体现出作为华侨银行的主持人李光前的远见和敏锐的市场眼光，不仅为华侨银行拓展了业务范围，而且促进了侨批业向现代企业经营管理方向发展，也造福了广大的华侨和侨眷，为不同历史时期侨乡发展所急需的资金提供了方便。

　　不仅银行业跨界进入侨批业，侨批局的经营者也同样在寻找各种机会进入银行业，批局与银行相互交融，建南信局就是其中的佼佼者。

　　建南信局创办于1928年9月14日，

经建南信局递送的侨批

1940年1月22日交通部邮政总局、福建邮政管理局关于金协春、建南及同兴等批信局请将总号移设晋江并在鼓浪屿另设分号的令、呈。

是晋江籍华侨吴道盛和同乡一起在马尼拉开办的。建南信局在厦门设分局，兼办汇兑。因经营得法，业务日盛，自建营业大厦，增办建南企业有限公司、大道有限公司，吴道盛自任总经理。

1938年厦门沦陷后，厦门建南信局随同业转移到泉州继续经营，此时建南信局已经开始兼营菲、美、沪三角汇兑业务，为同业调拨侨汇头寸。因泉州中国银行对待商人结购沪汇的限制，更促使商人结汇部分趋向建南一家，建南信局在侨汇经营上有了更大的扩展。1938年，泉州市民营侨汇机构经办侨汇统计建南银信局25万元国币，全由菲律宾汇入，当年整个晋江由外洋汇入的总额为405万元，建南信局约占6%。

1941年太平洋战争爆发后，侨汇中断，建南信局业务停顿。直到1945年抗日战争胜利后，因吴道盛素孚信誉，建南信局迅速恢复，业务兴盛超过战前。

1948 至 1950 年间，吴道盛开始在菲律宾筹建建南银行，同时在美国设立建东银行，两个银行的开办调活了美国的存款，加上香港分行汇兑业务的有效经营，并且也向日本商业公司提供信用等业务，吴道盛的事业进入兴盛时期。

在经营银行业的时候，吴道盛采取的策略也和信局一样的大胆积极，对没有附上信用状的押汇票据也敢全数承兑，因此短短时间建南银行成为菲律宾第二大华侨银行。该行贷款是以华人和华侨资本所经营的纤维纺织公司为主要对象的，后期发展到经营纤维制品买卖和保险业务。由于该行领导班子由自己家族控制，体制灵活，能够在短期内将商业贷款发挥重要的作用，吴道盛也成为菲律宾金融界举足轻重的人物。

5.眼花缭乱的货币

由于侨批存在的历史跨度很长,我们可以从不同时期的侨批批封以及信件中看到当时官方或民间常用的货币。

总体来说,侨批中对货币常见的表述有:英银、英洋、龙银、唐银、华银、大银、银、大洋、国币、法币、金圆券、港币、人民券、人民币等等。

从明中叶白银解禁起,至1935年11月实施法币政策废除银本位制的这段时间,在中国货币史上通常称为货币流通的白银时代。

在这一时期,通过海外贸易以及后来崛起的侨批业,大量外国银元不断流入福建尤其是闽南一带,特别是西班牙银元和墨西哥银元。

根据学者研究,早期在闽南一带流通的主要是西班牙银币,被称为块币。这类钱币是西班牙在美洲的殖民地所铸造,其铸造始于1535年。该币采用手

流通于闽南的早期海外货币

1752年西属墨西哥8R双柱双地球银币正面

1752年西属墨西哥8R双柱双地球银币背面

工打制，正面图案为十字架，故中国古籍又称之为十字币，其十字对角分别铸有狮子和城堡图案，背面是早期西班牙国徽图案。块币形状大小并不规范，类似闽南一带固定锄头的锲子，因此闽南百姓形象地称其为锄头锲仔银、锄头钱等。

块币初入闽南，起初仅充当银块按重量称重使用，而后由于可以按枚计算，逐渐以个数流通。当时一枚币值为8瑞尔的块币人们就称为"一块"，多少枚就称多少"块"，"块"作为货币的量词在闽南语的读音中开始出现。

经过百余年，一种新型的地球币诞生。地球币始铸于1732年，齿边图案是西班牙国花百合花，因此在闽台民间又将其称为花边银、花边宋银等。

地球币制作精美，成色和重量统一，较之手工打制币更易于交易及计算，因此在世界各地广为流通，并成为当时众多国家的流通币和世界贸易的主要结算币。反映到闽南，"一块"也渐渐被称为"一圆"，在契约文书或侨批上，货币单位的"圆"又常写成"员""元"等。

侨批中常见的佛银，也是西班牙银元，指的是1772年以后取代地球币的西班牙双柱国王头像币，主要从当时属于西班牙的菲律宾流入中国。所谓"佛"指的就是货币上的头像图案。

烦至泉晋南闽外柴塔乡後埕呈

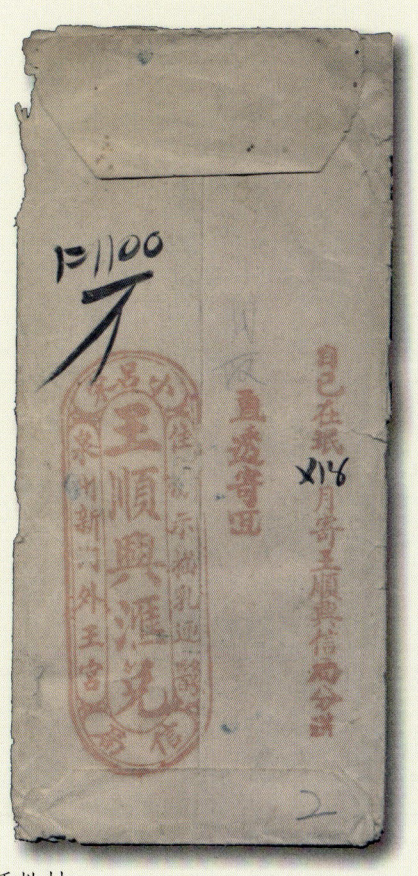

小鬼蔡金龙收入

外付佛银肆大元 蔡善本轧

写有佛银的侨批封

英银、鹰银、鹰洋、英洋、大英银、大英洋等，也是侨批中常见的货币称谓，指的是墨西哥银元，同样从菲律宾流入。

写有英银的侨批封

1821年墨西哥脱离西班牙独立，1823年墨西哥开铸鹰洋，该币正面为仙人掌与衔蛇的老鹰墨西哥国徽图案，背面是光芒四射的自由帽。鹰洋发行后，迅速取代西班牙本洋的地位，在东南亚、东北亚及中国迅速流通开来。

鸦片战争后，在华侨人数众多的东南亚，除了墨西哥鹰洋，英国的站洋、法属印度支那的坐洋、荷兰盾等也在各自的势力范围广为流通，这些货币也大多成为闽南一带最为主要的外来货币。

由于日本发行了一种专门在中国沿海商埠购买物资使用的银元，其主

写有龙银的侨批封

图案是龙,这类银元也被叫做龙银。清末民初,闽南的货币流通以日本龙银为盛,因而这一时期侨批上的龙银、大龙银等多指日本龙银。

1887年,两广总督张之洞奏准在广东设造币厂试铸银元,隔年正式开铸。广东龙银仿照西方银币样制,因币面铸有龙的形象,百姓也称龙洋。广东龙洋发行后,各省纷纷效法,此后江南、湖北、北洋、大清等国产龙银品种相继发行,闽南也有部分流通。因此,侨批中的龙银、大龙银有时也指称光绪龙,此外还有龙、大龙等称谓。

侨批中还常见所谓光洋银、光洋、光银等,这里的"光"主要指外表光洁、重量准、成色足的银元。有时也在货币种类前面加上"大"字,主要是将银元和处于辅币地位的毫银区别开来。

民国时期,国产的"袁大头""开国纪念币""船洋"等银元通行于闽南，市面上的外国银元逐渐减少，这一点也反映到侨批里。

侨批中对货币种类的称呼各式各样，甚至同一种货币，也有不同的称谓，这是因为早期华侨大多是出卖苦力的劳工，对各种银元难以辨别，特别是对于早期外来货币上的币面图案更是难以理解，因此就形成了民间约定俗成的各种称谓。比如佛银还有佛头银、佛面银、鬼脸钱等别称。

1935年，国民政府宣布实行法币政策，以中央银行、中国银行、交通银行（1936年增加了中国农民银行）发行的钞票为法币。侨批中常见的法币、国币就是指这类。当然，即便在这一时期，部分侨批封上仍有银、大银、国银等称谓，这些只是华侨的书写习惯，实际兑付的是此时流通的法币。

1948年，国民政府废弃法币，发行金圆券，这一货币种类的改变也反映在侨批中。

中华人民共和国成立前夕，侨批中常见的主要是美元；中华人民共和国成立后，侨批中的货币种类大多为港币或者人民币。

20世纪中叶，西方国家对新中国采取封锁政策，东南亚各地迫于压力，也对中国实施禁汇或限汇，对华侨汇款回国的金额和次数采取严格的限制措施。

针对这些措施，许多海外批局和华侨采取各种灵活做法应对，形成了一种特殊的批单——暗批。

与普通侨批明确提及货币种类及单位不同，暗批往往用明多实少以及以谐音替代金额等方式"暗度陈仓"，如写"拾元"实际是"百元"，写"二伯"实际代表"二百元"，写"陆兄"实际代表"六（陆）千元"等。此外，还有在函件末尾结语加上暗号，如惠书、大札、来书、台函、雪笺及台安、旅安、康安等代几十、几百、几千等，用米、麦、糖、油、豆、番薯、田料等代替货币，如收到港币50元写作"分配米50斤"等等。

20世纪70年代侨批业划归中国银行经营后，信汇批款逐步转成以人民币为主。

四 侨批中的家风乡愁

树高千尺不离根。孝悌为本，重视家庭，看重亲情，是中华民族的优良传统；热爱故土，为家乡建设不遗余力，也是华侨最为人称道的美德。

侨批不仅寄来了海外打拼的血汗钱，也寄来了华侨的一份亲情、一缕乡愁，满载着在外谋生的华侨对家中亲朋、故土乡亲的牵挂。他们对自己在海外是否辛劳只字不提，却对家族、故乡的点滴变化牵肠挂肚，对亲人的赡养扶助、对故乡的公益事业不吝巨资。

品读侨批中的故事，我们不仅可以直接看到华侨们如何对待家庭，如何处理家庭中的各种关系，更可以近距离感受到他们如何眷恋故土，如何为家乡事业尽心尽力。这对于构建和谐的家庭关系、延续良好家风，唤起割不断的血脉乡情，有着重要的意义。

1. 孝悌最重，亲情为先

福建华侨远涉重洋，身在异域，打拼奋斗，心系家园，不忘亲情。他们深受中华传统文化中的孝悌观念影响，非常重视家庭的凝聚力。移民海外的首要目的便是让家庭获得温饱与幸福，华侨华人一有机会就寄信搭钱、寄番银，赡养家人。

在20世纪，侨批汇款的数额庞大，其中相当数量的批款用于赡养家庭。

有关福建侨批的最早记载，是福建省石狮市大仑《蔡氏族谱》。族谱中记载了明朝嘉靖年间(1522—1566)菲律宾华侨汇款回家的情况。族谱记载道："思叔弟也……娶妇后，遂往吕宋求资，迭寄润于兄弟，二兄景超全家赖之，修理旧宇，俾有宁居。"此处很明确地指出一位名叫景思的华侨侨居菲律宾后，寄钱给兄弟，其二兄景超全家的生活都依赖他寄款，甚至修理旧宅也依靠他所寄款项。此处的"润"，一些学者认为就是侨批。

1921年，菲律宾华侨吴章汉寄给其母亲的侨批附寄50元给其日用，并讲到遵嘱买"正燕窝"和"洋线"，随身带回孝敬其母。

在信中，吴章汉报告了母亲委托自己在海外购买燕窝和洋线的情况，还报告了自己回家的打算以及启程的大致时间，并请母亲"大人勿以儿为念是幸"。写信时正逢农历六月，他还特别提醒母亲"天气炎热"，保重

何以侨批

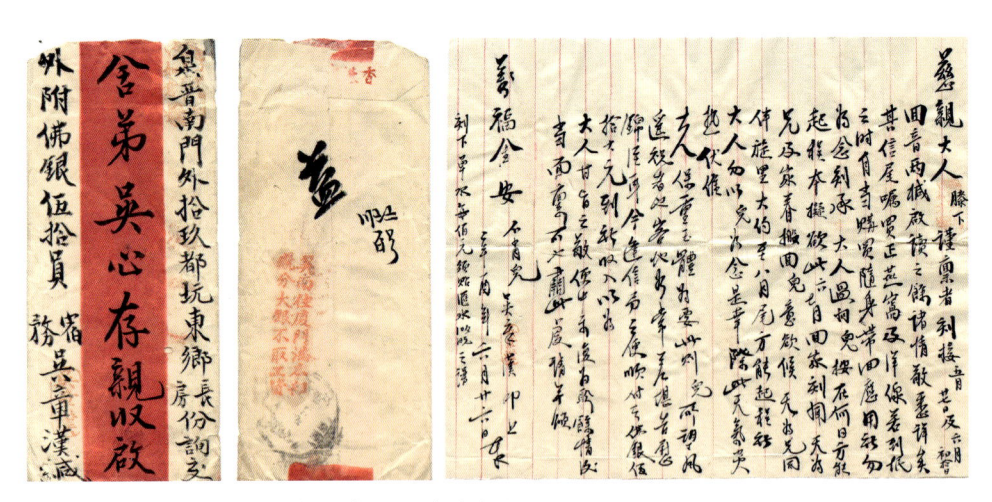

1921年菲律宾华侨吴章汉寄给母亲的侨批

【信文】 慈亲大人膝下：谨禀者。刻接五月廿七日及六月初拾日回音两械（缄）。启读之余，诸情敬悉详矣。其信尾嘱买正燕窝及洋线，若到岷之时自当购买，随身带回应用，祈勿为念。刻承大人过问，儿按在何日方能起程。本拟欲此六七月回家，刻闻天为兄及家眷搬回，儿意欲候天为兄同伴旋里，大约至八月尾方能起程，祈大人勿以儿为念是幸。际此天气炎热，伏惟大人保重玉体为要，此则儿所望风遥祝者也。客地如常，差堪告慰锦注耳。今逢信局之便，顺付去佛银伍拾大元，到祈收入以为大人甘旨之敬，便中示复为盼，余情后当面禀可也。肃此处请并颂　万福金安　不肖儿吴章汉叩上　辛酉年六月廿六日顿首　刻下单水每佰元须贴汇水109元之谱

身体（"伏惟大人保重玉体为要"），这是他时刻记挂在心的事情（"此则儿所望风遥祝者也"）。他还随信寄去"佛银伍拾大元"，以奉养母亲。

吴章汉是石狮坑东人，在菲律宾从事汇兑业务，在其叔叔、著名华商吴文鲱创办的协珍行（GOTIAOCO Y HERMANOS）处理有关侨批汇兑业务。他对母亲极其孝顺，1921年在菲律宾时，寄了至少58封侨批给其在家乡的母亲。

"批纸一张过一张，寄去唐山给我娘。我娘心肝不窗（可）想，批纸目屎（眼泪）湿会溶。"这首闽南流传的侨歌谣，也说出了当时许多华侨的心声：身在异邦，心心念念的都是在家乡的母亲，一张张侨批承载的正是这种沉重的思念。对家乡的亲人来说，又何尝不是如此？泪湿信纸，

想是当时侨眷接信的常态。

正因如此，在侨批中，像吴章汉这样的问安信件俯拾皆是。许多侨批都写满了对家人的嘘寒问暖、对家事的叮咛嘱咐。

在侨批兴盛的年代，大家族是华侨家庭的常态。华侨通过侨批寄钱，大多不会忘记亲戚朋友，也会分配一些给他们，在来批中交代得仔仔细细。

比如1958年一封署名"吴玉杯"的侨批，寄了港币270元，在信中，这位女士详细列举了母亲、二嫂等28位亲朋，并一一载明需要分配给他们的钱数。其中母亲最多，30元港币，其他人10元、5元不等，条分缕细，面面俱到，实在是"女人心，细赛针"。

1958年马来亚华侨吴玉杯、钟长命寄给厦门禾山木厝社吴安利的侨批

【信文】母亲大人尊前：敬禀者。前日接读来谕，云情均悉。知大人玉体康健，甚慰。兹逢年届，付上港币贰佰柒拾元，分给诸位，聊为羔果之意。祈照下列诸名分给为要。外地大小均安，请勿锦念。大人玉体须自珍重为要。专肃敬请　福安　女吴玉杯叩　公历一九五八年一月卅日

母亲30元，二嫂15元，文裕哥20元，宝宝、丽丽同仔15元分，坤海10元，三

婶 10 元，谊子 10 元，母舅 10 元，兴仔姐妹四位 10 元分，安清弟、妇 10 元，安平 10 元，秋花婶 10 元，安利 20 元，宗嫂 10 元，安利儿、女 10 元分，彩霞 10 元，钟宅姨婆 10 元，雷盟姐 10 元，贱仔盟妹 10 元，大台盟 10 元，招治 10 元，碰仔姐 10 元，计 270 元。

华侨赡养家庭的责任意识、注重亲情的传统观念在侨批中可谓展现得淋漓尽致。

重视亲情，还表现在华侨对兄弟姐妹及侄子侄女的关怀上。

20 世纪 40 年代，一位王姓新加坡华侨寄给身在家乡福建同安的二姐王金好的侨批，就谈到了他们一家子的状况。信中提到的家人有他二姐儿子仙查、大姐及大姐子女瑞宝、宝华、宝铁，槐弟、槐弟媳淑汝、飞弟、雪卿、四嫂，及其子侄仙洞、仙星、仙祺、素绸等。

这样的大家庭不免有不和谐因素，但这位王姓华侨总是尽心劝导训教子侄。信中开始提到"指责查甥必须以孝义为重"；飞弟与雪卿因谣言争吵甚至要打架，他都从中斡旋，化解矛盾。

这位王姓华侨的四哥因为生意经营不善，要到新加坡治病，并带着子侄一起投奔他，他也尽心"为子侄做衫裤与之更换，令其足衣足食，又令其入学读书，为四哥医治病，种种开消（销）以尽骨肉所应做之情"，可惜四哥第二年就去世了。四哥的女儿素绸一直住王姓华侨家，由他养大成人，出嫁后因丈夫挣钱无以养家，还时常到他家里住食或补给钱粮，他都尽力支持，视侄子侄女如亲生儿女。

王姓华侨的大姐孩子还小时，生活较困苦，他也把大姐全家接来家里住，负责衣食住行，尽心培养孩子，孩子长大回印尼后，还时常批信来往，互相看望。

在侨批中，像这样的故事还有不少，比如晋江梧坑村华侨许书琏，在菲律宾经营日用百货店。他的弟弟和姐夫都不顾家庭，许书琏还要负责给小舅子、姐姐、岳母、宗叔、堂兄弟等家庭开销，生活压力极大。尽管如此，在多次来信中，他从不抱怨自己的苦楚，依然定期寄来银元。

一张张泛黄的侨批，诠释着中华传统大家庭里深厚的骨肉亲情。

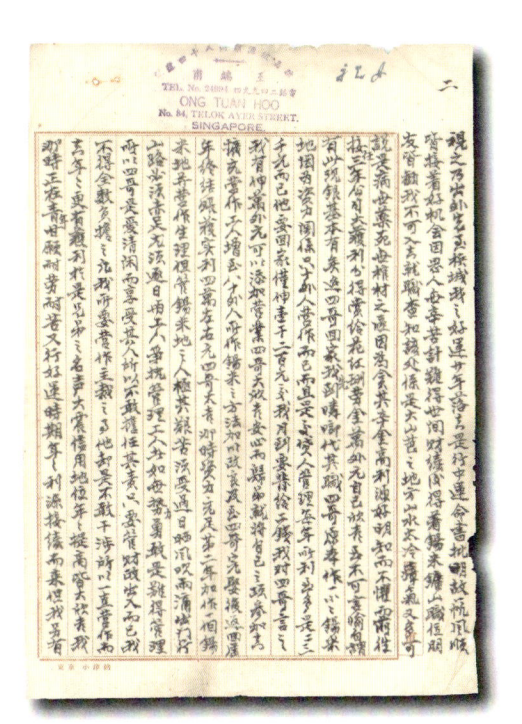

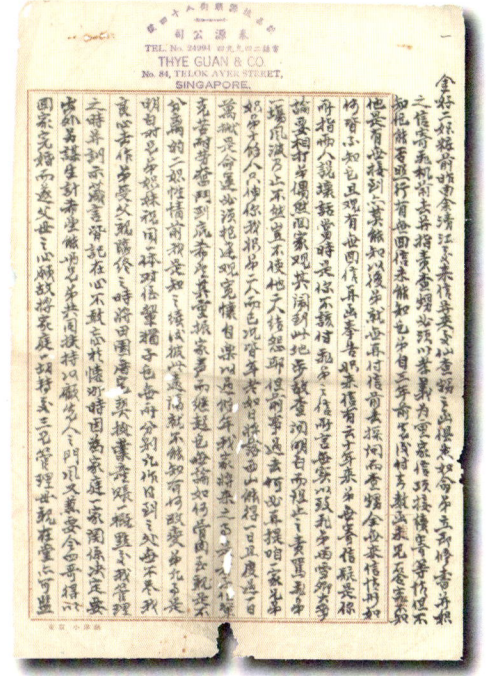

20世纪40年代新加坡王姓华侨寄给福建同安王金好的侨批

【信文】金好二姊妆前：昨由余清江交来信并夹交仙查甥之函，俱悉如命，弟立即修书并姊之信寄飞机前去，并指责查甥必须以孝义为重，家信项接续寄等情。但不知他能否照行，有无回信未能知也。弟自三年前先后付去数函，未见石合，究不知他是有无接到，亦莫能知，以后弟就无再付信前去探问。而查甥全无来信，情形如何皆不知也，且观有无回信，再函奉告。姊来信有云，十年来弟无寄信，疑是你所指两人说坏话，当时是你不该付弟之信，所言无实，以致飞弟与雪卿大争论要相打。弟偶然回家，观其闹到此地步，故查问明白而阻止之，责骂飞弟，一场风波乃止，不然岂不使他二人结怨耶。但前事过去，何必再提，咱一家兄弟姊弟十余人，只伸（剩）你我姊弟二人而已，况皆年老，如日将落西山，能得一日且度过一日，万搬（般）是命运，必须抱达观宽怀自乐以过余年。我家将来之事是看子侄辈克苦耐劳，奋斗到底，希望其重振家声，而继起也。无论如何，骨肉至亲是不分离的，二姊性情前我是知之，续后彼此远隔就不能知有何改变。弟凡事是明白，对兄弟姊妹视同一体，对侄辈犹子也，无所分别，凡作得到之处，无不尽我良心去作。弟受父亲临终之时，将田园厝宅契据业产账，一概点交我管理之时，并训示箴言，皆记在心，不敢忘于怀。那时因为家庭一家关系，决定要出外另谋生计，希望能与兄弟共同扶持，以顾先人之门风，又兼要令四哥得以回家完婚，而遂父母之心愿，故将家庭一切转交三兄管理，母亲在堂亦可监视之。乃出外，先至槟城，我之好运，廿年落去是行中运命书批明，故一帆风顺，皆接着好机会，因思人无辛苦计难得世间财，续后得着锡米矿山职位，朋友皆劝我不可入去就职。查知该处系是大山芭之地方，山水太冷，瘴气又多，可说是病

何以侨批

无药，死无棺材之区，因为贪其辛金高，利源好，明知而不惧而前往，接任三年公司大获利，分得赏给花红酬劳金万外元，自己欣喜，至不可言喻，自谓有此现银基本有矣。迨四哥回家，我先到嶙啷代其职，四哥原本作一小小锡米地，因为资力关系，只十外人营作而已，而且是交贷人管理，每年所利至多是二三千元而已。他要回家仅伸壹仟二百元交我，月到要发给工钱，我对四哥言之，我有伸万外元，可以添加营业，四哥大欣喜，安心而归。弟就将自己之项参加去扩充营作，工人增至八十外人，所作锡米之方法加以改良，及至四哥完娶后返回，届年终结账，获实利四万左右元，四哥大喜。那时资力充足，第二年加作一个锡米地并营作生理，但管锡米地之人极其艰苦，须受过日晒风吹雨滴，出门行山路必须赤足，尤须逐日与工人争执，管理工人者如无势力勇敢是难得管理，所以，四哥是爱清闲而享受其人，所以不敢担任其责，只要管财政出入而已。我不得全数负担之讹，我所要营作主裁之事，他却是不敢干涉，所以一直营作，而去年年更有获利，于是，兄弟之名声大震，信用地位年年提高，皆大欣喜。我那时正在青年，甘愿耐劳耐苦，又行好运时期，年年利源接续而来，但我另有……

2. 良好家风从夫妇子女抓起

古语说："夫妇，人伦之始，王化之端。"此话说的是，在中国传统的伦理道德关系中，虽然有父母、兄弟、子女，但夫妻才是家庭的核心，良好家风的养成也由此发端。

不少侨批的收信人，都是华侨的妻子、子女，通过侨批，我们能够一窥他们与妻子的交流，对子女的教育。

在福建同安锦宅村（今福建省漳州市角美镇锦宅村）华侨黄开物的侨批中，大约有100封是寄给妻子林氏（林选治，福建东山人）的。

黄开物与小吕宋华侨普智学校董事会同事的合影

何以侨批

黄开物经营的恒美布庄在报纸上刊登的广告

黄开物与妻子林氏通信十分频繁，字里行间彰显了华侨传统的家庭观念，流露出夫妻之间的深厚感情。

和许多两地分居的夫妻一样，黄开物的妻子林氏也十分担心丈夫欺瞒她，在海外另娶他人。1914年4月7日，黄开物给妻子林氏写了一封侨批，批中强调自己从娶林氏以来就没有异心，在菲律宾十多年，从未寻花问柳，并一再表示，自己在异国就像"作客"一样，心在故乡（"窃谓予自娶汝过门，秉心未有他意，故作客岷江十余年，全无涉及花柳，此其人皆知，此心昭明日月"）。

黄开物作为较早接触外界新思想的人士，曾多次让妻子林氏松掉缠绑的小脚。在他看来，裹小脚的旧习与日新月异的社会风尚格格不入，而放足则是好处多多。他在批中劝妻子放足，并在后续的批中常常问及此事，不厌其烦地劝导妻子，然而林氏对于放足一事不理解也不愿意。于是，黄开物在批中的态度渐渐发生了变化，从开始的好言相劝到后来的厉声斥责。可见旧观念在林氏心中根深蒂固以及黄开物对于放足之事的执着与坚定。

与黄开物相似，许多华侨都注重通过侨批将在外接触到的先进理念传达给家人，以形成良好家风。在一封致长兄嫂的侨批中，晋江籍菲律宾华侨施能纪讲到，祖国正值抗日战争期间，劝兄长不要在小孩满月及周岁上铺张浪费。国难当头，有无数的民众牺牲，如要开销，可把节约起来的钱周济周围贫困众亲："还祈吾兄向长嫂明理开导，对此子迩（弥）月及一周月（岁）勿作无谓之华（花）费。如无开销，可周济贫寒亲众也，较为实际。"在这封侨批中，施能纪甚至提到了"吾人处此非常时期，国步维艰，

1913年菲律宾华侨黄开物写给家乡妻子林氏的侨批

何以侨批

【信文】夫妇之情，套文弗叙。迳启者。前帮接来复札，外出在东山社，封谅汝必往东山可料。愚每出叮咛，汝不可归宁，东山因乡俗极坏，咱店与东山人之店格壁知东山之事甚详，故有前书吩咐，而汝竟置度外，实令人不解，祈即明白复示。至本帮林君书晏由唐来岷，亦带家眷。愚经决意携汝来岷，必待李曲兄到岷，方能买棹回家。而汝放足一事，切当实行，万勿徘徊，致不久如果来岷，则舟车上落之艰节。而既欲进岷，则女婢应当荐卖，须先卖之，抑亦如何，尚祈斟酌为荷。然愚友人云三兄此番旋梓，必加住数年，方有再来岷中。愚是以欲带汝来岷也，免为久别，总是在外，非唐山之比，定处一隅，无亲戚履迹，此及大为寂寞，未稔内人能受之乎？近帮虽嘱正闰在厦代买保婴丹贰元，普救丸壹元交汝一人收入，未知接并望示慰。现当严寒时候，二位小儿须细心照料。崇纯夜间须用厚毛巾缠在腹际，时时巡视有无盖被，致意是嘱。崇睿痤疮现时如何，速早调治，切切勿缓。兹汝切当先预备裁做衣裳，以应进岷之用，祈身当加长过脚湾，方合时制。身须结速，如本身不能裁做，可倩能手预备三四套，以备应用。玉体自爱。兹逢归便，顺付上贰元，到可收入，回示来知。此达。并问林氏贤内妆次　闺安　愚黄开物　泐　旧历癸丑十一月十一日

当以身作则，改革恶习，倡尊节约，破除迷信，赈恤灾难，有一分力作一分事，聊尽我心而已"，这在侨批中是较为罕见的。

按照传统习俗，从海外寄到家乡的侨批封上一般不写女人的名字，而是书写家乡至亲的名字，内信再写明给妻子。目前所见的黄开物寄给妻子林氏的第一封侨批，是1903年7月6日从菲律宾马尼拉寄出的，该批封上写有"家父黄光泮转交拙荆林氏妆次收启"字样，内信是写给林氏的。有时还会出现写亲戚名字的批封，实则也是给妻子林氏的侨批。除此之外，虽然有不少批封上没有直接写妻子的姓名，但出现了很多"拙荆林氏妆次"的批封。这在当时算得上是比较开明的做法了。

黄开物还会与妻子林氏谈论国家大事。例如，在1915年3月9日黄开物寄给妻子的侨批中提到日本对中国的野心，并对家乡福建的状况表示担忧："日本早起野心，欲顺欧洲酣战之时，无暇东顾，起而吞并中国，言之殊堪痛恨。今外地风声日急，谓日兵已入闽省矣，未卜内地有所闻否？想吾闽难免无危险之惨。"

对于其家族经营的恒美布庄状况，他也会随时告知妻子林氏，足见其

对林氏的尊重。这在当时男主外女主内的家庭来说，尤为难得。1915年8月11日，黄开物在给妻子林氏的批中就提到受第一次世界大战影响，布庄经营困难："今年欧战影响，土产无价，市面益形寂寞。此时不论大小生意，俱受困难。咱因货色滞消（销），三兄在日尚侵借他人现项二千零元，兼以彼之受病医药等费，及汇票归唐二人，船租已开消二千左元，两共四千余元，一时难以抽还，因此日形拮据，虽欲强为开怀，其可得乎？"

妻子之外，子女也是华侨们最放心不下的。黄开物在侨批中就曾多次提到有关孩子的照料事宜，屡次让妻子要细心照顾两个孩子："目下秋末，内地天气渐冷，二小儿夜间须细心照料，儿脐腹间须用厚毛巾缠束，方为妥适"，"二小儿切须细心照料"。尽管漂泊在外，他也努力尽到父亲的责任。

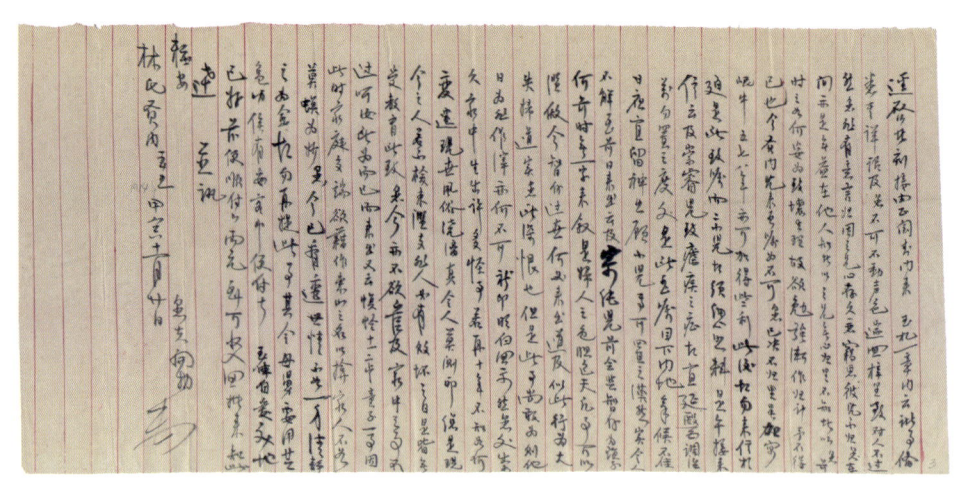

1914年菲律宾华侨黄开物关于返回家乡和儿子照料等事宜写给家乡妻子林氏的侨批

【信文】迳启者。刻接由正闰去内来玉札一章,内云诸事,备悉其详,谓及愚不可不动声色遄回梓里,致对人不过,然愚非有意言归,因三兄心存久恋,窃思彼既不归,愚在(再)问亦是无益。在他人知者,以三兄无心归里,不知者,以愚前时之如何妥为,致坏生理,故欲勉强,渐作归计,予不得已也。今贤内既来,至嘱为不可。愚已决不归里,虽加寓岷中五七八年,亦可加得些利,此后切勿来信相迫,是此致嘱。而二小儿切须细心照料。是午接来信,云及崇睿儿致疟疾之症,切宜延医调治,万勿置之度外,是此至嘱。目下内地年候不佳,日夜宜留神照顾小儿,专可置之漠然,实令人不解。至前日来书,云及宗纯儿前会与智仔为谊子,何前时无一字来叙,是妇人之色胆包天,凡事可以滥做。今智仔过世,何必来书道及,似此行为大失妇道,实愚所深恨也。但是此事尚敢为,则他日为非作滓,亦何不可,祈即明白回示。然愚外出未久,家中生出许多怪事,若再十年不知如何变迁。现世风俗浇漓,真令人莫测耶。总是现今之人,若不检束,滥支非人,如有败坏之日,是皆无受教育所致。愚今亦不欲管及家中之事,不过听汝所为而已。而来书又云螟蛉十一二岁童子一事,因此时家庭多端,欲藉作东山之名以掩家人,不如莫螟为妙。愚今已看透世情,不如一身清静之为愈,切勿再提此事。其母舅要用芝龟叩,候有妥客,即便付去。玉体自爱,外地已好。兹便顺付银两元,到可收入,回批来知,此达。并讯妆安 林氏贤内玉见 愚夫开物顿首 甲寅十一月廿日

像黄开物这样关怀子女的华侨还有不少。比如1930年菲律宾华侨许书琏寄给其妻子戴氏一封侨批，批中就特别记挂女儿的终身大事，深怕女儿所托非人，专门托朋友调查相亲对象，知晓对方不妥，嘱咐妻子"万勿轻许"。最后还不忘了强调"家中诸小儿女宜细心教养，管束有方"。

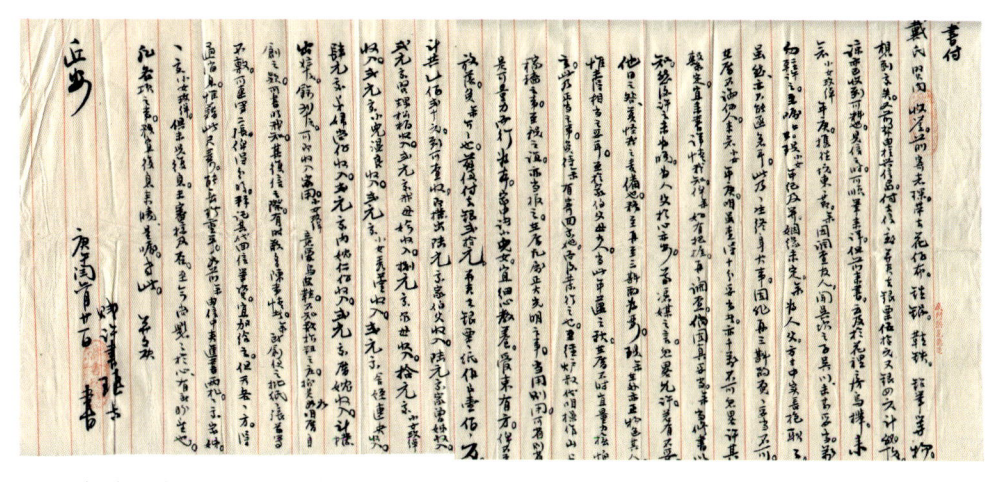

1930年菲律宾华侨许书琏寄给妻子戴氏的侨批

【信文】戴氏贤内收鉴：前寄志琛带去花仔布、铣锅、鞋铁、铅笔等物，想到交矣。又前帮由捷兴信局付去信一封并夹去银票伍拾元又银四元，计54元，谅亦已收到，可料也。见信之时，可顺笔来详。但前来书云及于花里房乌攫（举），来念小女玫绰年庚，携往坑东一节，余因调查友人，闻吴坎之子吴川未甚妥当，万勿轻许之，至嘱至嘱。现小女年纪及笄，姻缘未定。余为人父，方寸中实长抱耿耿，虽然亦不能逐急耳。此乃一生终身大事，固非再三斟酌觅一妥当不可。在厝不论何人来念小女年庚，咱虽查得十分妥当者，亦千万不可忽略许其系定。宜来书详情我知，俾余好有把握，再调查。倘固真妥当，余当修书以知，然后许之未为晚，为人父于心亦安。苟凭媒之言，忽略允许，若有不妥，他日之咎，莫怪我之责备也，务至再至三斟酌为要。现余在外亦正物色其人，惟未得相当之妥耳。至于家伯父母大人，当此年迈之秋，在厝不时宜量力抚恤之，此乃正当之事，免待余有寄回示他，而及发行之也。至经炉叔代咱操作山上稼穑之事，至亲之谊，亦当报之。在厝凡属正大光明之事，当用则用，可省则省，是可量力而行为本。家中诸小儿女宜细心教养，管束有方，俾不至放荡，免余介之也。兹便付去银贰拾元，并夹去银票一纸戴银壹佰元，计共乙百贰十元，到可查收。即拨出陆元交家伯父收入，陆元交家曾姊收入，贰元交贤甥松柏收入，贰元交我母龄收入，捌元交尔母收入，拾元交小女玫绰收入，贰元交小儿温良收入，贰元交小女秀萱收入，贰元交舍侄连央收入，肆元交弟妇尚仔收入，贰元交内妣仁仔收入，贰元交厝妣收入，计拨出四十八元，余七十二元，可即收入家用。小女玫绰意爱乌皮鞋，不知欲于钮之庄，抑是如咱厝自创之款，可书明我知。其复信之际，有时欲多陈事情者，余所创便之批纸一张苟写不敷，可连写二张，俾得分明。拜托其代回信笔资，宜加给之。但天各一方，得通消息，惟藉此尺素，能无珍重乎。如前余由信中夹进书两札，一交家姊，一交小女玫绰，俱未见复息，未审接及否。至今尚悬之于心，有所盼望也。凡各项之事，务宜复息来晓，是嘱。专此。并候　近安　贱许书琏书　庚午闰六月廿一日　书

　　这些百年前的华侨家信，不仅是当时千百万华侨家庭生活的历史缩影，也从一个侧面反映出侨批在向亲人传达新观念、形成良好家风方面的作用。

3. 兴学助教有遗风

近代以来，福建闽南地区与菲律宾关系密切，经济、文化和政治联系不断，有一些重视传统教育的菲律宾华侨，让自己的孩子在家乡的私塾或新式学校接受启蒙教育，接受中华传统文化的熏陶，之后再以商人之子的身份前往菲律宾发展。

海外华侨素有重视教育的传统，基于宗亲孩童受教育的需求，他们也积极在家乡捐资兴办学校，为当地的教育发展作出了贡献。

1920年，黄开物在其家乡发起兴办锦宅华侨公立小学（下简称锦宅小学）的倡议，并回到家乡主持该小学日常事务。

从黄开物的侨批中，我们可以看到他及其宗亲在锦宅小学等公益事业中显现的热情：从校舍建设和修缮、教师选聘到学生服装制作、童子军成立、学校日常开支等学校事务，黄开物都亲力亲为。在菲律宾马尼拉成立的锦宅小学董事会与家乡保持着密切联络，锦宅小学的具体事务成了马尼拉与锦宅之间侨批往来讨论的焦点。

由在菲律宾的华侨黄开鋂寄给漳州角美锦宅黄开物的侨批就很具代表性。该侨批由著名的天一信局转驳，邮戳时间为1921年10月。在这封侨批中，黄开鋂主要谈到给锦宅小学建筑新校舍一事。尽管当时海外生意状况不佳，但此事仍然得到海外黄氏族人的踊跃支持。侨批里说："本月二日星期晚开特别团体会，宣布来函一切，俾族人周知，到会者二三十人对于建筑新校舍一事异常踊跃，均表赞成。惟目下生理更形衰败，请候时机的有钜款。"在这种困难情况下，海外黄氏族人还是拨出"彬银431元"支持家乡的教育事业，并许诺将为校舍修缮筹款。

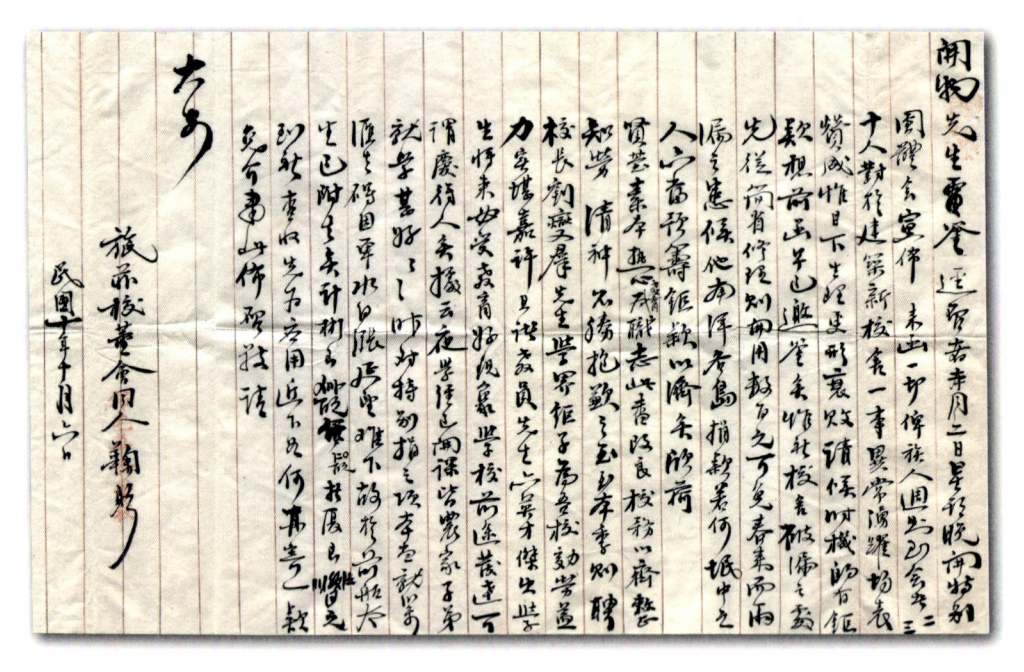

1921年菲律宾锦宅小学校董会寄给福建同安锦宅社黄开物的侨批

【信文】开物先生电鉴：迳启者。本月二日星期晚开特别团体会，宣布来函一切，俾族人周知，到会者二三十人对于建筑新校舍一事异常踊跃，均表赞成。惟目下生理更形衰败，请候时机的有钜款。想前函早已邀鉴矣。惟新校舍破漏之处先从简省修理，则开用数百元，可免春来而雨漏之患。候他南洋各岛捐款若何。岷中之人亦当预筹钜款以济矣。欣荷贤台素本热心教育为职志，此番改良校务以齐整，知劳清神，不胜抱歉之至。至本季则聘校长刘燮群先生，学界钜子为吾校效劳益力，实堪嘉许。且诸教员先生亦英才杰出，学生将来必受教育好现象，学校前途发达，可谓庆得人矣。据云夜学经已开课，皆农家子弟就学，甚好！昨对特别捐之项本当就紧汇去，碍因单水日涨，延望难下，故于前船太生已附去矣，计彬银431元（彬银120元换厦银100元），折厦银359.17元，到祈查收，先为应用。近下如何再寄一款，免介，肃此布启。敬请　大安　旅菲校董会同人鞠躬　民国十年十月六日

另外一封同样由黄开鉎写给黄开物的侨批则提到锦宅小学旅菲校董会筹集的"特别捐项431元"。

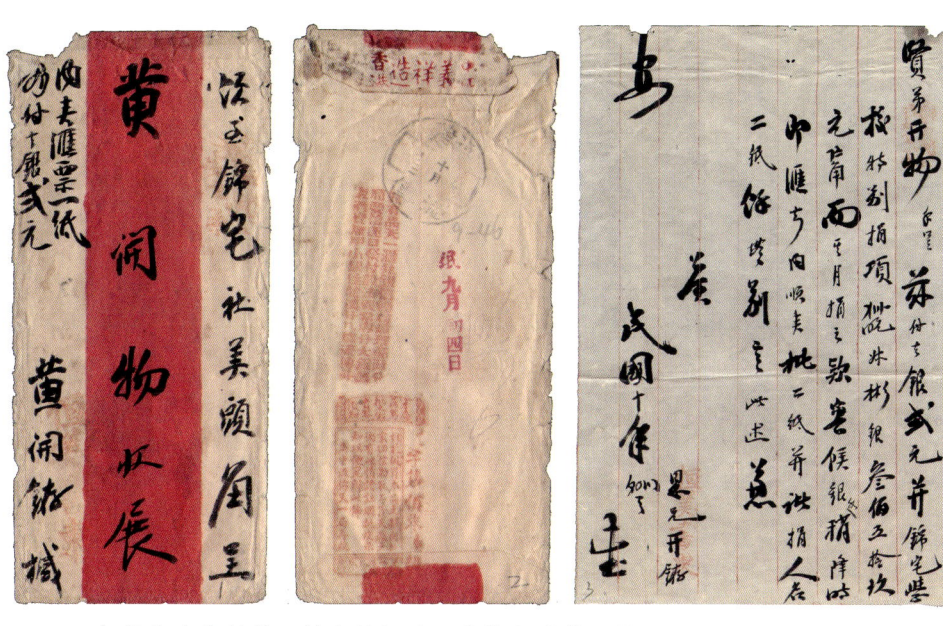

1921年菲律宾华侨黄开鉎寄给福建同安锦宅社黄开物的侨批

【信文】贤弟开物手足：兹付去银贰元并锦宅学校特别捐项431元，彬银359.17元。而其月捐之款容候银水稍降时，即汇去。内顺夹批二纸并诸捐人名二纸。余无别言。此述。兼候　安愚兄　开鉎　民国十年九月三日书

锦宅小学旅菲校董会由黄开鉎、黄开安（二人均为黄开物的哥哥）等黄氏族人组成，校董会会员也常就学校相关事务寄出侨批给黄开物等人。1921年9月21日，署名"旅菲校董会"的一封侨批提到："对于夜学一事，亦在当务之急，若能早行兼设，使吾辈青年失学亦可补习之业，则族人子弟亦免夜游、赌博之事。"

从中可知，兴办学校不仅考虑到了学龄儿童的学业，也涉及了社会青年的教育问题，这是一项造福社会的事业。而就在1921年10月黄开鉎的

那封侨批中也提到，当时锦宅夜校已经开学，上学的都是农家子弟："据云夜学经已开课，皆农家子弟就学，甚好。"

20世纪二三十年代，是菲律宾华人社团发展的高峰期，华人社团中的宗亲会、同乡会、校董会均与家乡保持着密切联系。他们对中华文化具有强烈的认同感和归属感，不但极力支持在菲律宾设立华文学校，而且对于在家乡捐建学校更是不遗余力，比如为家乡学校的建设而成立校董会是当时菲华社团的一种常见现象，锦宅小学旅菲校董会就是这种现象的例证。

通过这些侨批的内容可知，在家乡兴办教育已然成为许多华侨助力家乡发展的一项义举，这也成为那个时代华侨留给后人最美好的历史记忆。

1939年，著名侨领李光前在家乡南安创办"国专中心小学"（"国专"为李光前父亲的名字），聘请伍远资担任校长。1943年，国专中小学在办了4年后，一批小学生将要毕业，村民希望就近进入中学。由于李光前离开新加坡，一时无法征求意见，校董会副董事长陈村牧就和李硕果等乡贤商量，办起中学，并决定取"国专"之"国"、李光前之"光"为校名。战后，李光前对国光中学欣然接受。1948年，李光前还专程从新加坡到香港与李硕果、伍远资、李成埔商议扩建南安梅山国光中学、国专小学事宜。

国专中心小学

国光中学

　　李光前的宗亲、被誉为"中国橡胶之父"的著名华侨李引桐曾于1950年4月6日写给伍远资的一封侨批中提及"吾校"（即李光前在家乡创办的学校）所需款项已经托"香港杜君"转交给源兴信局，并且询问学校"每月经常费以港币或美金固定若干"，表示自己会"逐月指定由香港交付"，其他关于学校建设的经费等问题，只要伍远资来信告知，就会"斟酌情形付寄"。

　　这封侨批中谈到学校的款项通过源兴信局转交。当时，东南亚大部分国家对中国采取禁汇或限汇措施，东南亚汇款常常通过银行或其他金融途径汇入中国银行香港分行，再由境内的中国银行支付。而源兴信局经营了几十年侨批业务，有各种适合的渠道把资金调到国内，特别像学校需要的资金比较大笔，不同于普通华侨的侨批小额款项。

　　源兴信局的前身捷兴信局，是由南安县芙蓉乡人李引贵于民国初集资开设的，投资人为李姓富侨及地方人士。

　　源兴信局的经营者李引贵之子李成田、李成埔热心慈善事业，特别是在捐资助学方面，时有慷慨解囊之举，对地方教育事业颇有贡献。尤其是著名侨领李光前及李引桐在家乡办学的公益事业，得到源兴信局的大力支持。李光前在创办国专小学、国专医院等公益项目时，一些资金就是通过李成埔的源兴信局转到家乡的。

　　和李光前一样，李引桐也非常重视家乡的教育发展。1975年到1981

1937年马来亚槟城华侨银行有限公司给厦门新合春的汇票

年间，他先后为国专幼儿园、国专小学新建教学楼，还捐建国光中学泰华楼。从1982年开始，他每年捐资人民币4万元，在家乡竞丰村设立常年奖学金。1989年开始，他每年捐资港币14万元，在南安市梅山镇设立"李

1947年铭记公司委托新加坡华侨银行有限公司汇给厦门源兴信局的汇票

引桐先生奖学金"。

2000年,李引桐捐资2000万元人民币兴建南安蓝园高级中学,该校成为南安市第三所高级中学。此外,他还先后向厦门集美大学、泉州华侨大学、黎明大学、培元中学捐赠巨额资金,并担任集美大学第一、二届校董会顾问,被授予"厦门荣誉市民"称号。

像李引桐一样热心家乡教育事业的批局经营者还有不少,例如晋江梧林人蔡顺意在家乡修了一栋楼,原本打算用于开办侨批馆,后来太平洋战争爆发,交通困难,侨批馆无法开设,他便将用于装修大楼的银钱捐给国内抗战。新中国成立后,蔡顺意又将侨批馆捐给村里做学校,成为几代

晋江梧林侨批馆

梧林人的启蒙摇篮。直到 1984 年,梧林新学校建成,侨批馆才结束使命,至今洋楼大门上方还有"好好学习,天天向上"等字样,村民也习惯称之为"旧学堂"。

  蔡顺意对于教育事业的热心,也起到了很好的带头作用。后来他的儿子、侄儿也纷纷捐资助学,推动新学校的发展,学校中的嘉彬大礼堂正是由他的侄子蔡嘉彬所捐建的。

4. 架起侨乡连心桥

在漳州这片充满侨乡情怀的土地上，成丰栈侨批信局虽不张扬，却承载着深厚的侨情与侨史文化。它的创办人之一林开德，以其卓越的贡献和影响力，在漳州侨界享有崇高的声望。

成丰栈侨批信局的前身，是1938年成立的建丰公司。由闽南籍华侨林开德与许松山、康良材、吴必昌共同出资设立，公司总部设在印尼巨港，主营汇兑及进出口贸易，同时兼营侨批业务。

建丰公司创办人林开德、许松山、吴必昌合影（中为林开德）

新加坡成丰栈信局

新加坡成丰栈汇兑信局广告

为拓展业务版图，1942年建丰公司在新加坡设立成丰栈，1946年在香港设立大丰行，经营进出口商品兼营侨批汇兑等生意。据资料记载，南洋大学创办时，新加坡成丰栈捐款2500元。为了方便开展国内业务，公司还在厦门、石码设分理处，厦门称南丰行，负责人吴必昌；石码称侨丰行，负责人郭春三。

林开德祖籍漳州龙溪玉江岗洲社（今台商投资区角美镇玉江村洲头自然村）。他自幼聪慧，六年的私塾学习使他具备了一定的文化底蕴。1927年，年仅12岁的林开德随亲人远渡南洋，先后到菲律宾、印度尼西亚、新加坡等地创业谋生；1938年在巨港与友人合作经营建丰公司，经营橡胶、大米、布匹等土特产，凭借其诚信的商业理念，积累了人生的第一桶金。

1937年抗战全面爆发，林开德积极参与抗日救国活动，通过义演等集资金支持祖国，展现了他的爱国情怀。抗战胜利后，

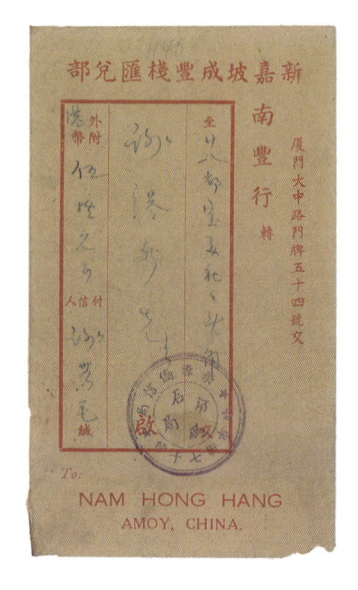

新加坡成丰栈汇兑部侨汇单

他与王源兴等侨领共同筹划成立巨港中华总会，为保护华侨权益、维护社会秩序、发展经济教育作出了杰出的贡献。

林开德对华人华侨教育也非常重视。他在雅加达期间，捐资重建新华小学和新华中学，并任校董会会董。同时，他还资助中国左翼作家联盟成员杨骚、中国民主同盟成员王纪元等人士主编的椰城进步刊物《生活报》，并为该刊物股东，为侨居地的文化教育事业贡献了自己的力量。

1952年，林开德放弃海外优渥的生活，回到福建漳州定居，全身心投入侨务工作和社会福利公益事业。他积极参与和倡议建设了漳州侨芗剧场、华侨新村、漳州旅社等一系列公益项目，有力地推动了漳州社会经济的发展。

20世纪50年代新落成的漳州侨芗剧场

20世纪60年代，林开德先生集资筹建了家乡玉江村的"侨乡桥"，这座桥梁至今仍是当地百姓交通往来的重要通道，象征着侨乡人民与海外游子之间不解的情缘。

1979年，林开德移居香港，继续致力于侨联工作，他与康良材、林广兆等乡贤共同筹备成立"香港漳属同乡会"，并当选为第一副会长，为漳州与香港之间的文化及经贸交流作出了巨大贡献。

林开德集资筹建的"侨乡桥"

5. 祖地寻根是华侨的念想

1957年5月24日，新加坡华侨青年曾朝基给漳州的叔父曾乾农写了一封侨信，告知家乡亲人，自己的父亲曾坤农在新加坡辞世的消息。

由于体弱多病，曾朝基的父亲曾坤农一生未能回乡实现光宗耀祖的番客梦。曾坤农生前的愿望落空了，这是他一生的遗憾，也是许多海外游子心中的一种痛。

曾坤农盼望儿子曾朝基替代自己返乡，但遗憾的是，直至临终，他的儿子也没有能力返回祖地漳州。曾朝基内心既有丧父之痛，也有对父亲的愧疚。此后，曾朝基一直与素未谋面的漳州家乡亲人保持着通信往来。

每到龙眼收获的季节，曾朝基常常收到家乡的叔叔寄来的龙眼干。祖地的礼物，总会让曾朝基感到温暖。每当夜深人静的时候，父亲的嘱托犹然在耳，对故乡亲人的思念之情，未能完成父亲心愿的失落感，让曾朝基内心饱受煎熬。回家的愿望，一直萦绕在他的心头。没能完成父亲的遗愿，他深感惭愧，但又难免近乡情怯，对回国后的生活有着种种担忧。

1957年7月曾朝基在寄回家乡的一封信中写道："回国的事，侄儿思前想后，决定还是暂时留在客居地吧，侄儿学识浅薄，无专门技术，恐怕难以适应祖国的需要。"想到这辈子或许回乡无望，曾朝基内心很不平静，感伤、难过、愧疚萦绕在他的心头。

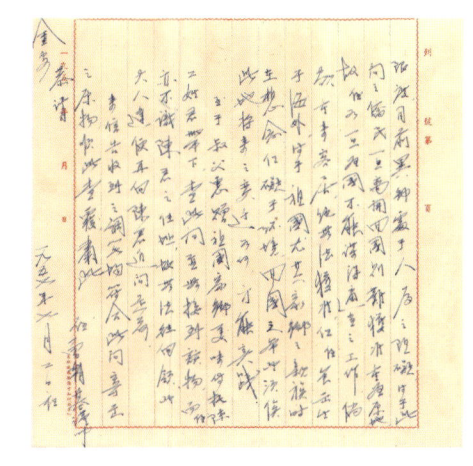

1957年7月新加坡华侨曾朝基寄给漳州龙海厚境曾乾农的侨信

【信文】叔父大人尊前：顷捧诵五月初九复谕，聆悉细详矣。承长者之顾爱，询及侄兄妹之婚配事。前家先父在世时，日常生计已感非易，尚且先父逝世后，一切殡葬费用已罄尽，平生所有是以昔。今侄均未敢作存建家室之微念，况且侄之年纪尚轻，对于经济尚难达到完全自立之境，此事唯有俟将来倘环境许可，始设法妹妹之终身大事，尚乏妥当之对像（象），将来如配妥人，自当先函商告，希释锦念。

关于回国事，侄因学识浅薄，而且缺乏专门之技术，恐难适应祖国之需要至低限度。目前异种处于人为之阻碍，对于此间之侨民，一旦离开回国，则难获准重归原地，故侄如一旦归国，不能谋得适当之工作，倘欲重来客居，绝无法获准。但侄虽出生于海外，对于祖国尤其家乡之亲族，时在想念，但碍于环境，回国之希望，须俟此地将来之变迁如何，方能实践。至于叔父惠赠祖国家乡美味，付托陈工姓君带下，查此间并无接到该物，而侄亦不识陈君之住址，故无法往向领到，大人逢便再向陈君追问是荷。来信告收到之钢笔，均符合此间寄出之原物，顺此查复，肃此。恭请　金安　侄曾朝基谨叩　一九五七年七月二日夜

19年后，曾朝基已是被生活磨平了棱角的中年人，但内心关于父亲的憾恨始终难释。父亲辞世将近20年，曾朝基仍然无法还乡，他不得不感叹自身的平凡和普通的人生际遇。

回家，是多么美好的愿望，发家致富的番客梦，又是一种多么美好的愿景。

这19年间，曾朝基与家乡的联系一直持续。

1976年3月，快到清明节的时候，曾朝基又收到了家乡亲人寄来的龙眼干，曾朝基回寄了南洋的海鸥薄荷膏和咖啡。

同时曾朝基给叔父曾乾农寄了一封信。

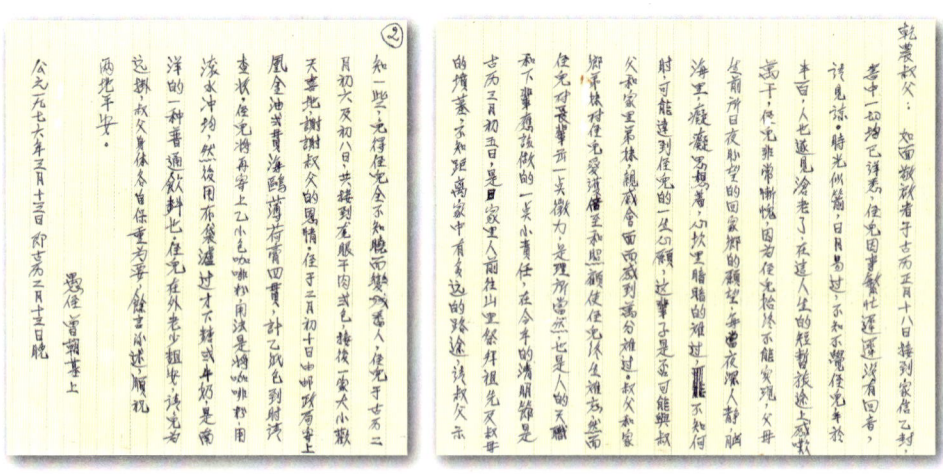

1976年3月新加坡华侨曾朝基寄给漳州龙海厚境曾乾农的侨信

【信文】乾农叔父：如面。敬启者。于古历正月十八日接到家信乙封，书中一切均已详悉。侄儿因事繁忙，迟迟没有回音，请见谅。时光似箭，日月易过，不知不觉侄儿年半百，人也遂见沧（苍）老了。在这人生的短暂旅途上，感叹万千，侄儿非常惭愧，因为侄儿始终不能实现，父母生前所日夜盼望的回家乡的愿望。每当夜深人静，脑海里，痴痴思想着，心坎里暗暗的难过，不知何时，可能达到侄儿的一生心愿，这辈子是否可能与叔父和家里弟妹、亲戚会面而感到万分难过。叔父和家乡弟妹对侄儿爱护倍（备）至和照顾使侄儿终生难忘。然而侄儿对长辈出一点微力，是理所当然，也是人的天职和下辈应该做的一点小责任。在今年的清明节是古历三月初五日，是日家里人前往山里祭拜祖先及叔母的坟墓，不知距离家中有多远的路途，请叔父示知一些，免得侄儿全不知晓而变成番人。侄儿于古历二月初六及初八日，共接到龙眼干肉贰包，接后一家大小欢天喜地，谢谢叔父的恩情。侄于二月初十日由邮政局寄上凰金油贰贯（罐）、海鸥薄荷膏四贯（罐），计乙纸包，到时请查收。侄儿将再寄乙小包咖啡粉，用法是将咖啡粉，用滚水冲均（匀），然后用布袋滤过才下糖或牛奶，是南洋的一种普通饮料也。侄儿在外，老少粗安，请免为远挂，叔父身体各自保重为要，余言后述。顺祝　两地平安。愚侄　曾朝基上　公元一九七六年三月十三日，即古历二月十三日晚

此时，曾朝基想到要回国在祖先的坟墓前祭扫，竟成了一件奢侈的事情。他请叔父在回批里告知自己祖先墓地的具体位置，好让他能够留一个念想，也警醒自己，他的故乡在唐山，在中国的漳州，他不是一个无根的"番人"。

漳州市龙海区厚境村今貌

曾朝基的家乡厚境村，原属于漳州海澄县，后归属龙海管辖，今为龙海区东园镇厚境村。厚境村是漳州知名的侨乡，村中主要有曾姓、许姓以及陈、黄、廖、林等姓氏。孝思堂、总宪第、老君庙等文物古迹遍布村中，保存完好的华侨古厝群是村中的一道风景。

民国时期，旅居海外的厚境先贤在家乡创办了文鼎小学，儒家传统文化中的诗礼传家在厚境影响深远。后境曾氏有播迁缅甸、新加坡等地，许姓也有迁居缅甸。旅居海外的厚境华侨对祖地多有贡献，由村中曾氏祠堂"孝思堂"内的《重修祖庙番邦捐资芳名碑记》可见一斑。

给叔父写信的两年后（1978年），曾朝基终于实现了回乡寻根谒祖的愿望。这年10月，曾朝基跨海回到了魂牵梦萦的老家厚境村。此时，家乡的亲人像过节一样，左邻右舍，纷纷来看望他，人来了一拨又一拨。

此后，曾朝基返回新加坡，在龙眼收获的季节，他同样会收到家乡的龙眼干。1982年，曾朝基在一封回信中说，他希望再次回家，与家乡的亲人再叙家常。

1877年《重修祖庙番邦捐资芳名碑记》

五 侨批中的爱国情怀

从辛亥革命开始，到抗日战争结束，在国家面临危机的时刻，华侨总是挺身而出，勇担救国责任。在中华人民共和国成立以后，华侨又为国家的现代化建设奔走疾呼。在侨批中，这也多有反映。

一张张尘封的侨批，向我们诉说着华侨的一腔热血。他们对国家强大、民族复兴的渴望，至今仍感动着我们；他们对振兴中华的思考，至今仍有借鉴意义；他们对救亡图存的践行，至今仍催人奋进。

1. 侨批中的辛亥风云

爆发于1911年的辛亥革命是中国近代史上一次伟大的资产阶级民主革命，它推翻了清王朝，结束了中国两千多年的封建君主专制制度，建立起资产阶级共和国，使民主共和的观念深入人心，为中华民族的伟大复兴和亚洲民族主义的觉醒吹响了号角。

辛亥革命爆发前后，黄开物在福建家乡居住，他与旅居菲律宾的林书晏、陈金芳、陈持松、陈松铨、吴记球、吴宗明、康春景等辛亥革命志士通过侨批及信函往来，围绕着阅书报社和《公理报》创办、革命经费募捐、军情通报等事宜保持密切联络，在辛亥革命的历史篇章中留下了自己的印记。

1911年1月27日，旅菲同盟会会员康春景写给黄开物一封侨批，从中可以看出，康春景十分关心家乡革命的进展，国内的一举一动都牵扯着他的心。"北京一日不破，根本上一日不能决华侨之责任，筹捐接济，即为实力之后盾"，康春景呼吁组织菲律宾华侨捐款捐物，支持革命党人，号召海外华侨尽量节约，把钱省下来支援国内革命。对于浪费公款者，宁愿牺牲友谊，在所不惜。他还提倡设立兵式体操会，人人皆有当兵之义务，以当兵为尊贵，不要老想当长官。这种强烈的爱国热情跃然纸上，令人肃然起敬。

菲律宾华侨康春景寄给锦宅黄开物的侨批

【信文】开物兄：如面。来示种悉。其高标松为同盟会顾问员，闻系汉淇兄授他的名词，非弟所知也。回厦诸同志间有藉称代表，致被人鄙诮，阻碍岷筹捐前途，欲热心桑梓，转误大局，殊堪浩叹。吾侨不幸有此现象，莫怪人言啧啧，推原其故，皆缘同盟会内容组织无完善，致办事未允洽，流弊甚多。今幸组织评议部正副议员四十人，此后办事或能循序进行，必盖前愆。此代军需甚急，系根本上之解决，弟到岷丞注意及此，无如才短其浅，办理不来，唯有极力鼓吹，倡设月捐。经本会开全体大会取决实行，由本会会友担任，始普及各界，宗旨专接济中央政府坚持至北京倾覆为止。拟就此本月开收，未审有效力矣。近本会屡接中央政府来电告急，是军糈困乏，亦可想见。吾人责无旁贷，不得不竭蹶从事。但弟毫无裨益于事，而精神财力俱疲于奔命矣，推己及人，物力维艰。故对于虚靡公款者，绝不满意，宁愿牺牲友谊，亦所不恤。盖大局未定，正寤寐难安之时也。北京一日不破，根本上一日不能解决华侨之责任，筹捐接济，即为实力之后盾。近与诸同志再倡设兵式体操会，养尚武之精神，受军事之教育，以备缓急之需，将来吾人皆有当兵之义务，不得不未雨绸缪。况恐满贼未灭，战事延长，吾同盟会亦当肝脑涂地，与之牵连俱尽。处今日，人人只要思当兵为尊贵，不可思作长官。弟空言无补，有惭生平，付之想象耳，望兄鉴我以愚。报馆主笔汉淇兄必有设想，力所能到，自然照帮办理，免为介。顺付信银贰元伴函，希笑纳为盼，匆匆草此，忙甚。并候　近安　弟春景顿首　阳历元月廿七日上

黄开物 20 岁左右离开家乡到菲律宾马尼拉谋生，从事布庄生意，在此期间加入菲律宾同盟会。辛亥革命期间，广大海外华侨继承和发扬"国家兴亡、匹夫有责"的爱国传统，以各种方式积极参与革命，或加入革命组织，或为传播革命思想奔走呼号，或捐款助饷支持国内起义，或亲身参加反清武装斗争，为革命事业作出了巨大贡献。黄开物及其友朋的侨批往来正是写照。

1911 年 10 月 18 日，一封侨批跨越大洋，顺利抵达黄开物的手中。

这封侨批由菲律宾马尼拉寄出，写信人陈松铨是菲律宾同盟会分会会员。信中详细描述了同盟会通过演出现代戏筹款的过程、捐款数额、回国参加革命的华侨人数，可以补充正史资料之不足。其中提到"本日报竞载，谓小吕宋华侨自演戏至今，已捐助革命军十万，又到去九百余人矣，至下等之人亦捐五元，甚然赞叹。中国人近来之爱国心大明也"，可见当时菲律宾华侨踊跃捐款，支持辛亥革命。

从侨批中透露出的大量历史细节来看，这场革命不仅获得菲律宾普通

1921年康春景关于北伐军费筹款事宜寄给福建厦门黄开物的侨批

【信文】开物吾兄：如面。筹捐事因初时办理欠善，致稍形阻碍，担义务人心志无他，原可表公，其如人不体谅何，是以毁誉交加，当局颇难为人。弟不才，补救无方，惟近再提倡月捐北伐军费，资助中央政府，未审能办有效果。厦组织北伐队乏款，闻近同盟会欲开大会议，或能提议应付是未可知。而诸同志在厦热心任事，真可敬可嘉，汉淇先生不辞劳苦，尤为难得。但现北局未定，战事何底，同志颇现骄矜之态，谅多居功致被人鄙薄，笑谓无程度。弟不愿见此景象，殷忧内结，窃谓吾等今日尚当勉自刻苦，藉以感动人。厦门组织北伐队，办法如何，是否与厦全体会办，抑系岷驻厦之同志单独要自组织，暇时望为示晓。岷《公理报》因欠主笔，是以延今未出版，兄在厦熟悉，如有相当之资格，富于言论者，祈与金方兄商议，聘定行息通知汉淇先生，俾设法来岷就席。弟此次未能回唐尽义务，遗恨何极，惟勉力与同志帮忙耳。同盟会内容组无完全，事多致纷乱。近□再妥议改良，甚幸。并候 大安 弟春景书 辛十一月初九日覆

华侨的积极参与，也赢得了包括菲律宾著名的华侨富商、社团领袖陈迎来（Tan Guin lai，1869—1950）在内的菲律宾华侨社会精英阶层的有力支持。

在当时，福建华侨也谋划在厦门起事，呼应革命党人，这一点也反映在侨批中。1911年11月18日，林书晏在给黄开物的侨批中就谈到了厦门起事。

林书晏是福建南安人，早年南渡菲律宾经商，1912年他发起创办菲律宾同盟会机关报《公理报》。他与黄开物交往频繁，感情十分深厚，彼此的书信往来十分密切，目前发现的林书晏寄给黄开物的侨批至少有20封。这些侨批内容涉及辛亥革命进展情况。

在这封侨批中，林书晏表示，马尼拉方面对厦门起事的具体安排并不了解，并说如果在厦门起事缺人手，马尼拉方面可以派吴宗明、陈金方（芳）等人尽快返回厦门帮忙，等等。此时，武昌起义虽已爆发，但厦门尚未被革命军控制，因此同盟会计划在厦门起事，以呼应武昌起义的胜利，扩大战果。

两天后，林书晏和康春景又写了一封侨批给黄开物，希望黄开物及时告知厦门革命进展情况，并联络众志，万勿因循忽略，对自己未能"回国尽邦家之责任"感到十分愧疚，他鼓励黄开物"乘机大展怀抱"，如果出现革命经费不足情况，可秘密来电告知，寻求在南洋的华侨华人资助。由此可见，黄开物、林书晏在旅菲同乡和同盟会中有着重要地位，这封批信也彰显出他们蓬勃的革命气派和浓厚的爱国之情。

1911年12月4日，林书晏又给黄开物寄了一封侨批。在这封侨批中，他对辛亥革命胜利的信心跃然纸上，尽管北方局势尚未明朗，但"清政府命运告终在指顾间"。他也勉励同仁"各尽其义务"，"为桑梓谋幸福"。

何以侨批

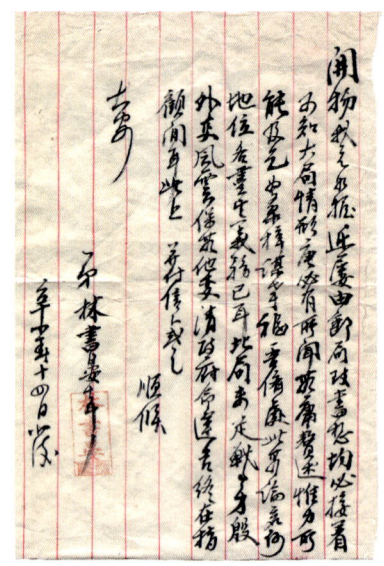

1911年菲律宾华侨林书晏寄给福建同安锦宅社黄开物的侨批

【信文】开物我兄：如握。近屡由邮局致书，想均必接着。可知大局情形，唐必有所闻，无庸赘述。惟力所能及，乞为桑梓谋幸福。吾侨处此，无论若何地位，各尽其义务已耳。北局未定，战事方殷，外交风云，保无他变，清政府命运告终在指顾间耳。此上，并付信银贰元。顺候　大安　弟林书晏顿首　辛小春十四日发

　　1911年10月30日，同盟会菲律宾机关报《公理报》主编吴宗明从菲律宾马尼拉寄给身在同安锦宅的黄开物一封侨批，请黄开物支出50元作为革命经费。

　　吴宗明，福建龙溪石美人，18岁时到菲律宾马尼拉，初任布店书记。1909年，吴宗明与一些爱国热血青年发起组织普智阅书报社，继而加入中国同盟会菲律宾支会，被选为首任书记兼副主监。吴宗明为人忠厚，待人至诚，才学兼优，精明能干，为当时马尼拉华侨中的杰出青年，极得同盟会同志推崇。1911年，吴宗明受吕宋中国同盟会派遣，与陈金方（芳）、黄家声返回国内，开展革命活动，在厦门组建代表处，三人作为同盟会驻厦代表。后来，黄家声、吴宗明回菲报告情况。

　　吴宗明与黄开物私交甚笃，但在这封侨批中却以革命同志的口气与黄

108

吴宗明寄给黄开物的侨批

【信文】台要用诸件,日安君已采寄,今先带归矣,祈查收。精守事已结算。议定本西七月二十九日,交长守之额,只剩360元而已,当缺190元,尚未与郑,将来兄与叶,谅当各支50元,郑支90元,或能好势。若款使势利鬼物支,谅不能如愿,此是弟之意见,到时如何结局,容当再奉。此布。在毓兄启。宗明顿首

开物交流，称黄开物是"阅书报社革命党之监督"，责怪其回乡后革命工作开展不力，鼓励其返乡之后应不惧牺牲，积极开展革命活动（"兄自归家以来，出门绝少，欲出门即当叫多人相随并有人风声，兄是阅书报社革命党之监督，是以不敢出门，似此兄实在胆小，莫怪归家数天不能接交一同志之人也"）。吴宗明表示，黄开物既然"排满之志已定，即生死之念当消"，不能过于考虑个人生死，并用当时革命同志"愿入枪林弹雨"正是因为他们"排满之志大，救国之心坚"，来勉励黄开物坚定革命信念。

这些侨批，不仅讲述了辛亥革命期间海外华侨支持革命的历史事实，也表达了华侨关心国家命运的爱国情怀。

2. 福建华侨的抗日救国记忆

天下兴亡，匹夫有责。抗日战争时期，面对着凶残的侵略者和亡国灭种的民族危机，包括福建籍海外侨胞在内的全体中华儿女奋起抗争，前赴后继，用血肉筑起一座抵御侵略者的钢铁长城。华侨们在寄回家乡的侨批中，有钱出钱，有力出力，成为国难当头时期爱国主义精神的生动注脚。

"儿明知国难当中，税饷日有，儿自恨无余力多寄。"1937年，印尼垄川华侨黄添培在寄给母亲的侨批中，如是表达自己对于国家兴亡的责任。在这封侨批中，他关心家乡抽调壮丁，为抗战贡献人力的状况，希望母亲来信告知。在"南岛百业冷落"的背景下，他仍然记挂着多寄钱支援国家抗战，对于自己无力多寄钱支持，他感到遗憾，并且希望母亲原谅。在他们家族的家风传承中，对国家兴亡的责任感想必是十分重要的一环。黄添培对于抗战时期祖国和家乡人力物力的关切，是当时华侨支持祖国抗战的情怀之缩影。

海外华侨有钱出钱，在侨批中多有反映。著名的航空救国笺就表达了华侨捐款捐资助力国家强大的理念与行动。

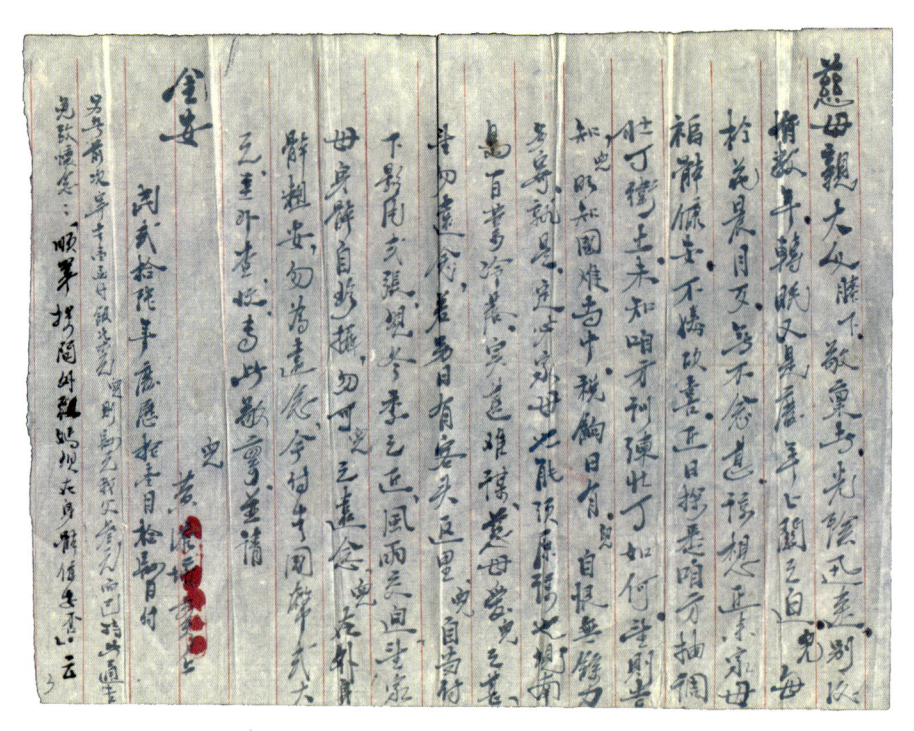

1937年印尼华侨黄添培寄给漳州母亲的侨批

【信文】慈母亲大人膝下，敬禀者。光阴迅速，别后有数年，转眼又是旧年年关之迫，儿每于花晨月歹（夕），无不念甚。谅想近来家母福体康安，不胜欣喜。近日探悉咱方抽调壮丁卫土，未知咱方训练壮丁如何，望则告知，儿明知国难当中，税饷日有，儿自恨无余力多寄，就是定必家母也能须原谅也。现南岛百业冷落，实甚难谋。慈母爱儿之甚，望勿远念。若另日有客头返里，儿自当付下影片贰张。现冬季之近，风雨交迫，望家母身体自珍摄，勿可儿之远念。儿在外身体粗安，勿为远念。今付去国币贰大元，至即查收，专此敬禀。并请 金安 儿黄添培禀上 民贰拾陆年旧历十一月十四日付

另者，前次寄去壹函付银柒元，儿则肆元，我父叁元而已，特此通告，免致怀念。顺笔探问外祖妈现在身体康安否，云。

1906年，中国航空之父冯如提出航空救国的主张。1920年11月，孙中山重建大元帅府，并且有前瞻性地设立了航空局。他提出了航空救国的思想，提示要建设现代意义上的国防，非扩充空军力量不可。1923年8月，中国自己制造的第一架军用飞机"乐士文一号"在大沙头机场试飞成功后，孙中山题写了"航空救国"四字以资鼓励。

1929年菲律宾马尼拉华侨蔡世佳一封问候家人的侨批，就采用了航空救国笺，显示出当时航空救国理念在华侨中已经颇有基础。

1931年九一八事变后，海外华侨对日本侵略者的抵制也日渐增多，"抵制仇货，坚持到底，卧薪尝胆，誓雪国耻"这样的宣传也常常出现在侨批封上。

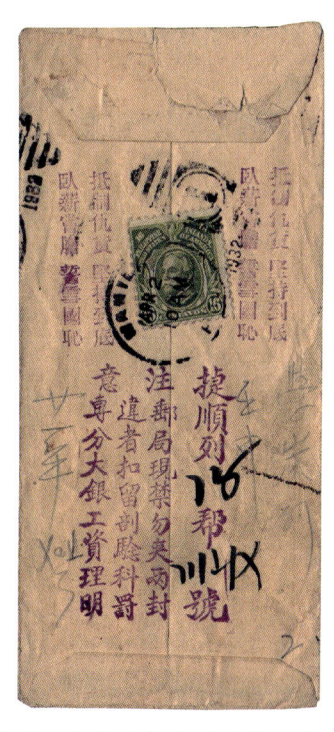

1932年菲律宾华侨郑毓三寄给晋江十七八都古盈乡吴天台的侨批，信封背面盖有"抵制仇货，坚持到底，卧薪尝胆，誓雪国耻"字样的印戳。

何以侨批

对于航空救国，华侨们也更加积极响应。1932年，菲律宾华侨成立了中国航空建设协会马尼拉分会，推举晋江华侨李清泉任主席。李清泉提出要募集15架飞机，并带头捐购侦察机1架，发动华侨社团捐购教练机3架。其他爱国华侨也纷纷响应，踊跃捐款用于购买飞机。在募齐15架飞机后，华侨们又组建了菲律宾华侨飞机队回国参战。

菲律宾友联印刷所还印制了有战斗机图案和"航空救国笺"中文字样的信笺，赠送给华侨用于书写信函，以此广泛发动侨胞、侨眷捐款或认购航空救国债券，支持航空救国运动。

1938年菲律宾华侨黄家寿寄给家中父亲的批笺中印有"航空救国"等字样

【信文】父亲大人尊前：敬禀者。顷奉华翰藉聆，是关于敬祝天公事，届期希令儿妇到洪邦乡叩询佛祖，究欲如何□□。前帮夹上远胜票，未知向领否？当此非常时期，局势突变，难以测料，故若尚未领回，速将其换法币，以免受累。儿近来机会尚无，暂寄去洋壹拾伍元，祈查收，以供敬神之需。肃此奉达。并请 福安 儿黄家寿 泐 民国廿七年十一月十日

1937年，抗日战争全面爆发。为了筹措抗战经费，财政部发行了救国公债。邮政局也刻印了"请购救国公债"等字样的宣传戳，在侨批封上加盖，宣传、鼓励侨胞侨眷购买救国公债。

华侨们积极响应，海外各地都成立了华侨公债劝募委员会，掀起了广泛的购债运动。第一期救国公债，侨胞们就认购了半数以上。据统计，1937年至1939年间，华侨认购救国公债5115万元、国防公债626.5万元、金公债291.6万元又22924金镑；到1941年夏，共购债6.82亿元；至1942年，购债总额已达到11亿元国币，占国民政府发行公债总额的三分之一强。这些公债战后国民政府并未偿还，实际上等同于捐款。

1938年10月10日，东南亚45个城市华侨救亡组织的168名代表在新加坡开会，成立南洋华侨筹赈祖国难民总会（简称南侨总会），陈嘉庚为主席，庄西言、李清泉为副主席。筹款、购国债、销国货成为南洋总会的主要任务，也成为海外华侨支持祖国抗战的主要形式。

在南侨总会的组织下，华侨们以常月捐、特别捐、娱乐捐、航空救国捐、购公债、义演、义卖、献金、献机等形式，踊跃为祖国抗战捐款捐物。从1937年至1940年，南侨总会共发动募集支援祖国抗战的义捐约5亿

1938年菲律宾华侨许克恭寄给泉晋十九都杆头乡吴文越的侨批，信封背面盖有"请购救国公债"宣传印戳

115

何以侨批

华侨举行募捐活动,支援国内抗战

元、寒衣50万件、药品价值250万元。

东南亚华侨除了捐款给国民政府外,还积极支持八路军、新四军和华南抗日纵队。据估计,东南亚侨胞向中国共产党领导下的抗日武装捐款至少1000万元。

华侨们远在海外,对于祖国抗战形势十分关切,除了有钱出钱,也有一些华侨选择为祖国抗战出力。

1939年4月,马尼拉蔡乌树托晋江南门外檀林乡许文修转交家姐的侨批,就记述了旅菲热血青年"环侄"决心回国参加抗日的义举。

蔡乌树和许文修夫妇在菲律宾马尼拉开义隆木厂,她的侄儿"环侄"就随姑父在木厂做事。这位热血青年决意"为国当兵服务","整装乘舟返国"。而作为他的姑姑,蔡乌树虽然曾因担忧而竭力劝阻("妹初闻此事亦曾竭力劝其勿往,无奈侄儿志已决,是我人力所不能挽回,他终而去"),但最终也表示理解,并劝慰姐姐"不必伤心","只有候待,只有预祝他成功"。这也反映出当时支持祖国抗战已经深入到华侨青年及他们的家人心中,在国难当头的时刻,心系祖国、不惜毁家纾难,这样的情怀,令人感动。

支持抗战的热血青年不止这样一位。早在1937年,中华民族武装自卫委员会菲律宾分会就曾在报上刊出广告,征召华侨青年回国参加抗日,华侨青年有工人、学徒、店员等踊跃报名,六七十人参加学习训练。中华民族武装自卫委员会菲律宾分会派干部沈尔七训练这支队伍,挑选精干28人,组成菲律宾华侨救国义勇队,1938年回国,参加抗战。该队后来改名菲律宾华侨回国随军服务团,团长沈尔七还曾在新四军政治部民运部工作过一段时间,又先后三次奉派返菲,组织菲律宾华侨青年回国参战。沈尔七也为我们留下了这样一封感天动地的家书:"儿为了革命——抗日救国,多年未寄分文到家,致母亲生活更苦,心殊不安。惟今如不抗日救国,民众将永无翻身之日,故儿愿牺牲一切奋斗到底。"表达了他誓死保卫祖国的一片赤子之心。

3. 抗战中的侨眷生命线

在抗战之中，华侨不仅忧心国家命运，也关心着家中亲眷的生活。1941年12月太平洋战争爆发，香港以及东南亚大部分国家相继沦陷，本来就已寄送艰难的侨批完全陷于停顿。华南侨乡饱受兵燹灾荒，家破人亡，归侨侨眷难以获得生活来源，身居南洋的华侨也心焦如焚，只能望洋兴叹。此时侨批新汇路的探索成了南洋侨批业界亟待解决的问题。

东兴，这座广东防城县名不经传的边陲小镇成为新汇路的重要节点。东兴经钦州北通南宁、桂林，往东过合浦、遂溪可达湛江，南面市区转过仲凯街头便是衔接越南北方芒街市的国际桥，芒街附近的岳山有轮船直航海防市，在海防坐上火车便能抵达河内、西贡、宅郡（堤岸）等几个辐射到东南亚各国的侨批集散地。

尽管越南境内也有不少日本、越南军队的哨卡盘诘和拦截，从老街到东兴中间横隔着北仑河也需冒险偷渡，但毋庸置疑，东兴还是具备了平和的社会环境、方便的交通枢纽、成熟的边贸基础这三个作为汇路中转站的理想因素。

20世纪40年代起，在中越边境苦觅闯荡的陈植芳，屡屡突破日本侵略者严密布控的重镇、要冲，一次又一次地将侨汇带越边境，更在严酷的封锁线中成功地探辟出东兴汇路。

陈植芳没有"独享"这条汇路，而是把这条路线告知各位同行。东兴汇路一通，东兴镇转眼成了侨批业、金融业、商业、旅业聚集的繁华小镇，镇内酒楼、茶馆林立，车水马龙，到处灯红酒绿，故有抗战时期的"小香港"之称。东兴汇路的开通为梅州、潮汕一带的华侨家属解了燃眉之急，日军铁蹄下的东兴汇路，成了这一带人民在一定时期赖以生存的"脐带"，同时也为国内带来了宝贵的外汇收入。

东兴汇路不但运送了大量侨批，而且还将海外爱国侨胞捐献和援助的抗战物资及商品，源源不断地从越南运进东兴镇，支援了中国的抗战。

在福建省档案馆中，保存着这样一批郭氏家族侨批，涉及郭洙芬、郭洙焉、郭洙烧、郭懋昆等人。郭氏兄弟从1938年左右开始在越南东京河内开设福锦成号（HOCK GUIME SENG）。1942年到1943年，郭洙芬寄给郭洙焉的侨批，一般先由侨批局的人员从越南带到广东省防城县东兴镇，再从东兴镇寄到福建省泉州府同安县马巷后村社。

1941年越南华侨郭懋昆寄给福建省泉州府同安马巷下后村社郭洙焉的来批，批封有"由广东省防城县东兴镇"字样。

何以侨批

1943年正月十七日郭洙芬所寄的侨批也直接提到了东兴汇路:"愚前与烧弟在广东省东兴汇回国币一万六千元,以后又付数次,未审一并收到否?希即详细来函通知为盼。"

这封侨批提到之前的数笔侨批汇款均是从广东东兴寄出,但全未收到回复,其中一笔寄出国币1.6万元。由此可见,在那个特殊时期,尽管通讯不畅,汇款十分艰难,但华侨们仍千方百计通过东兴这条生命线源源不断地向家乡亲人输血造福。

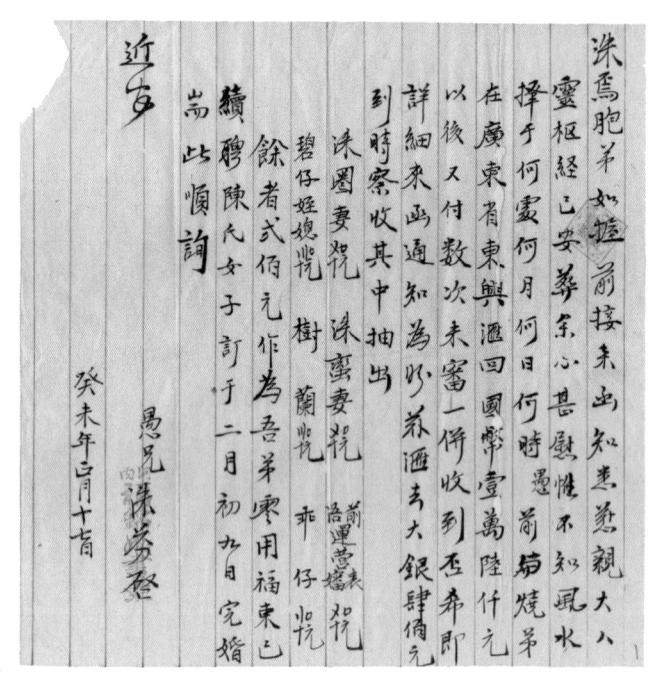

1943年越南华侨郭洙芬寄给厦门同安马巷后村乡郭洙焉的侨批

【信文】洙焉胞弟:如握。前接来函,知悉慈亲大人灵柩(枢)经已安葬,余心甚慰。惟不知风水择于何处何月何日何时。愚前与烧弟在广东省东兴汇回国币壹萬陆仟元,以后又付数次,未审一并收到否?希即详细来函通知为盼。兹汇去大银肆佰元,到时察(查)收。其中抽出,洙圈妻40元、洙蛮妻40元、前浯运营表婶40元、碧仔侄媳30元、树兰30元、乖仔20元,余者贰佰元作为吾弟零用。福东已续聘陈氏女子,订于二月初九日完婚。尚此。顺询 近安 愚兄洙芬启 癸未年正月十七日

六 中华文化海外传承

侨批作为华侨日常生活的记录，渗透着中华文明连续性、创新性、和平性、包容性、统一性的突出特质。

　　从民俗信仰到语言交融，从华文教育到诚信践诺的商业文化，侨批反映了中华文化在海外的落地生根，同时也展现了华侨对异域文明的兼收并蓄，充分印证了中华文化传统中"海纳百川，有容乃大"的开放气度。

1. 侨批中的海外华文教育

这是一封1940年由菲律宾寄往福建晋江的侨批。此批为菲律宾岷里刺（马尼拉）中西学校的专用信笺，写批人邱奕勉向他的父亲邱允乔汇报

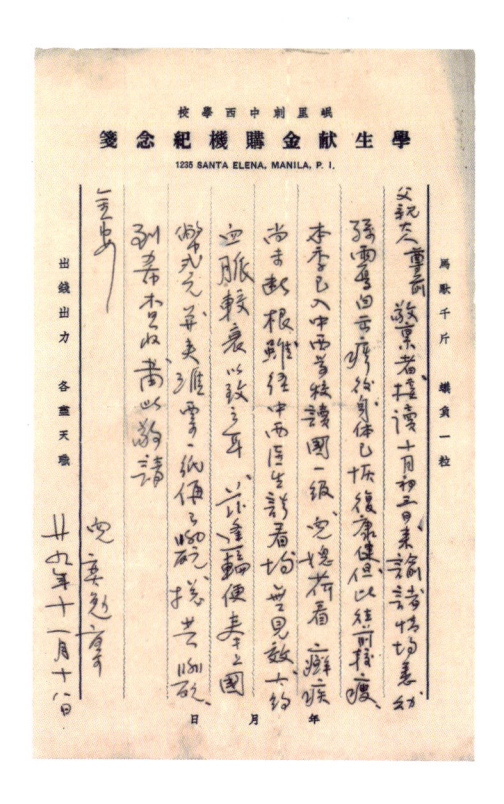

1940年菲律宾华侨邱奕勉寄给福建晋江邱允乔的侨批

【信文】父亲大人尊前：敬禀者。接读十月初三日来谕，诸情均悉。幼孙雨厚自出疾后，身体已恢复康健，但比往前较瘦，本季已入中西学校读国一级。儿媳荷看癣疾尚未断根，虽经中西医生诊看，均无见效，大约血脉较衰，以致之耳。兹逢轮便，奉上国币贰元，并夹汇票一纸戴银250元，总共252元，到希查收。尚此。敬请 金安 儿奕勉禀 廿九年十一月十八日

123

了在海外生活的情况，其中提到了儿子入读马尼拉中西学校的事情。这所创办于1899年的马尼拉中西学校，系菲律宾历史上第一所华文学校，为社会培养了大量有用人才，见证了华文教育在海外传承发展的历史进程。

华文教育在东南亚甚为流行。最初的学校是以义学与私塾的形式出现的。学校通过对学生进行四书五经等儒家传统伦理思想的教育，使中华传统文化得以留存。如19世纪50年代初期，在新加坡的福建人创办了义学崇文阁（1849年）与萃英书院（1854年），是东南亚较早的华文学校，为传承中华传统文化的有效途径。

1854年，新加坡闽籍华侨陈金声创办萃英书院，招收华人子弟入校学习。

抗日战争前，一般的华侨主要聚居地均有华文学校的分布。华侨为了创办华侨学校想尽办法。早期的华文学校往往聘请中国国内的老师前往授课，教材也从国内采购。后来，随着华文教育的发展，海外的华文学校开始自行编排出版适合自身的教材，并在海外华侨中吸收本地教师组成日渐壮大的教师团队。这其中也涌现出不少教育家，菲律宾华侨、爱国志士颜文初就是其中翘楚。

颜文初，名芸枢，字文初，以字行世，福建石狮钞坑村人，菲律宾著名侨领颜良瞒的第三子，著名的教育家、作家、抗日英烈。1914年他执教于中西学校，致力于华文教育。

颜文初出任校长的马尼拉中西学校，起源于1899年。这一年，中国首任驻菲总领事陈纲到任。陈纲字紫衍，是土生华人，菲律宾甲必丹陈谦善哲嗣。在菲律宾期间，陈纲热心于为侨民谋福利，教育成为他所关心的公益事业之一。1899年4月15日，陈纲首创蒙学于领事署（即甲必丹御署）内，以署中收入及私人捐款维持，为小吕宋中西学校之创始，菲律宾华文教育之滥觞。4年后，陈纲总领事任满，乃以蒙学移设善举公所，改称大清中西学堂，兼授英文。

陈纲所创设的小吕宋中西学校，就是后来的马尼拉华侨中西学校。

马尼拉华侨中西学校的创立，正值菲律宾从西班牙殖民地转为美国殖民地。美国统治菲律宾后，以英语取代西班牙语。华侨为求生存，增强竞争力，疾呼振兴教育，加强双语教学。同一时期，中国废除科举，设立学部，现代教育发展一日千里，兴学之势风起云涌，许多国家的华侨纷纷创办侨校。在这形势之下，菲律宾华侨也大肆兴学。

1912年，怡朗市创办了马尼拉以外的第一所华侨学校——怡朗中华实业学校（今怡朗华商中学）。1915年8月，宿务市创办了中华学校（今宿务东方学院）。1917年至1922年间，马尼拉由社团、教会、热心人士等先后创办普智、溪亚婆中西分校、圣公会、爱国、闽商、华侨公学、三民、尚嫘等8所小学。

印有马来亚吧生华侨学校字样的侨批信笺

【信文】双亲大人膝下：敬禀者。在厦门失陷时，曾奉上一禀并付国币拾元，至今尚未接到复示，念甚！现今家乡是华南抗战最前线之战场，时刻受着炮火之威吓，产家生命之危险，乃在旦夕。但是为着全面抗战，求民族之生存，当然不能婉（惋）惜牺牲，而在战区民众，应该遵从政府命令，估计环境情势，决定迁移逃难，切不可任意乱动。儿身虽远居海外，而心时刻担念家乡。但是战争已至于此，真是无法设想，不过总希望双亲小心，设法逃难，免致家散流离失所为要。同时并要时时将家乡情形写信示知，免儿在外思念为盼。兹付上国币壹佰元正，到即收为家用。敬请　福安　儿剑诸

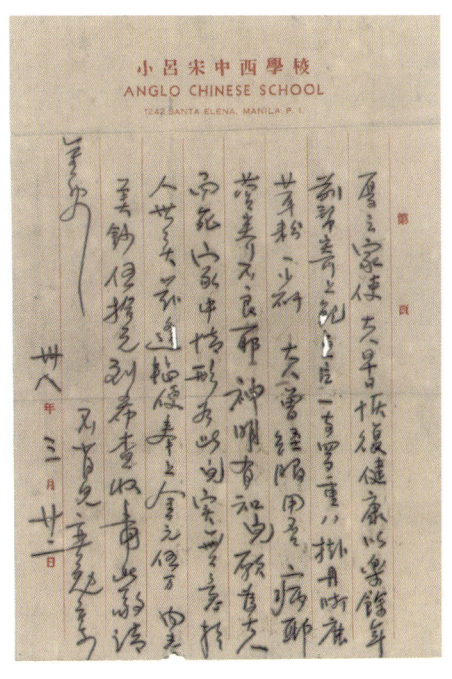

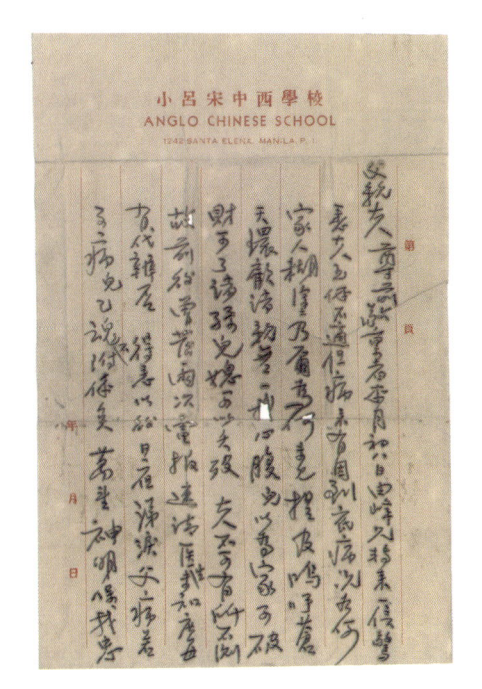

印有小吕宋中西学校字样的侨批信笺

【信文】 父亲大人尊前：敬禀者。本月初八日由峰兄转来一信，惊悉大人玉体不适，但病未有因，到底病况如何。家人糊涂，乃尔为何未见提及。呜呼苍天！环顾诸亲，无一我心腹。儿以为家可破、财可了诸孙儿媳可以夭殁，大人不可有所不测，故前后曾发两次电报，速请医生，未知庶母有代辨（办）否？得悉以后，日夜涕泪。父病若事（是）病，儿已魂不附体矣。万望神明保我忠厚之家，使大人早日恢复健康，以乐余年。前帮寄上鲍鱼片一支，罗重八掛（卦）丹二打，鹿茸粉一少（小）矸，大人曾经服用否？病耶？营养不良耶？神明有知，儿愿为大人而死。家中情形如此，儿实无意于人世矣。兹逢轮便，奉上金元伍万，内夹美钞伍拾元，到希查收。肃此。敬请　金安　不肖儿奕勉禀　卅八年三月廿二日

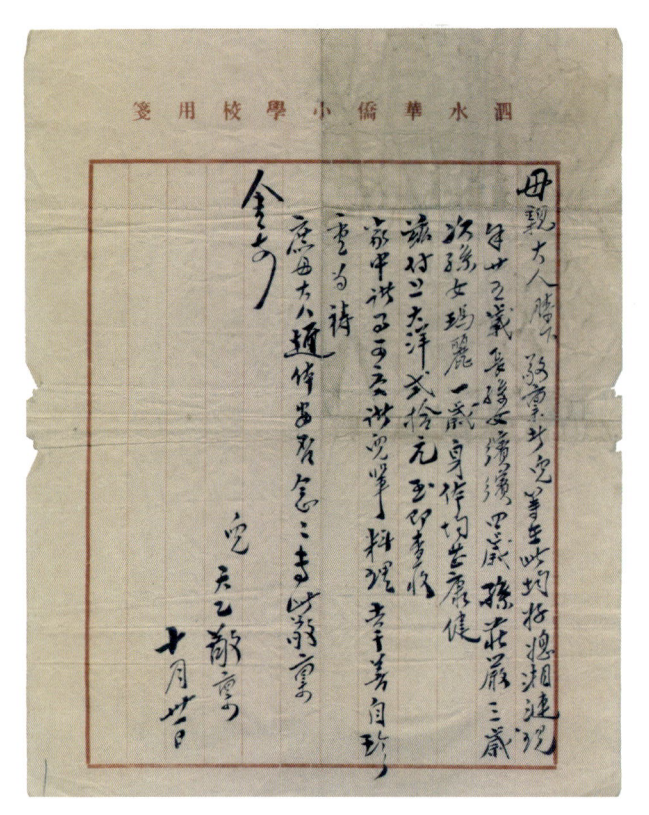

印有印尼泗水华侨小学校字样的侨批信笺

【信文】母亲大人膝下：敬禀者。儿等在此均好，媳湘涟现年廿五岁，长孙女缤缤四岁，孙庄严三岁，次孙女玛丽一岁，身体均甚康健。兹付上大洋贰拾元，至即查收。家中诸事，可交诸儿辈料理去干，善自珍重为祷。庶母大人近体安否？念念。专此。敬禀金安 儿天乙敬禀 十月廿一日

华侨在侨居地接受华文教育

1939年华侨许书镜的菲律宾华侨中学毕业证书

  为了推行华文教育，1915年12月，中西学校董事会倡议成立菲律宾华侨教育会，华侨热烈响应。1923年6月，教育会创办第一所中学——华侨中学（今侨中学院），解决了华侨子弟回国升学不便的问题。9月，教育会召开华侨教育大会，对马尼拉8所小学和1所中学进行管辖。教育会负起了领导、管理、协调、推动菲律宾华侨教育的职责。教育会的办学措施，在以后的10多年时间，为马尼拉和外省非教育会所辖学校广泛接受和仿效。

  1935年，教育会所辖学校先后脱离，独立经营。这时，尽管商况不佳，但华侨学校已增至80多所，遍及巴拉湾以外全菲各地区，学生达一万人，每所学校都由华侨组织的董事会管理。

  华侨学校大多数兼设中文部和英文部，相当于办在一块的两所学校。中文部向中国教育部立案，受中国驻菲领事馆监督，使用中国的课本，中文教师多从中国聘请；英文部则向菲律宾教育部立案。中、英文部的课程，不同的是语文，相同的是普通科学文化知识。相同的课程中文部以中文为教学媒介语，侧重中华文化；英文部以英文为教学媒介语，侧重菲地理、历史、风土人情、政治。

颜文初是马尼拉中西学校第六任校长，从1915年到该校担任教员到1942年，他在该校近30年。《小吕宋华侨中西学校五十周年纪念刊》称其"任职最久，贡献最大"。

颜文初致力于华侨教育研究，探索发展教育新途径。早在担任教员时，他就认为华侨教育必须力谋发展，才能让华侨与欧美商人角逐商战，保持华侨本来地位。于是他编辑《华侨教育丛刊》以资提倡，并让国内外都知晓菲律宾华文教育的情形。当时不少教育界名流，如张元济、黄炎培都为该刊撰稿。此后，颜文初又不断开拓教学方法，编写多种华文教材。

1922年，颜文初组织菲华教师团回国考察教育，主要在祖国华北华中各大都市考察学校的教授、训练、管理、设备、夜学、半日学校、社会教育等方面，与佘柏昭、刘春泽合编出版了《菲律宾华侨教育考察团日记》。

1929年，值中西学校三十周年之际，颜文初组织编写了《中西学校三十周年纪念刊》，向国内外人士约稿，精心编排，为菲律宾华社留下珍贵的史料。

担任校长期间，颜文初积极扩展校务，整顿校风，制定各种规章制度，努力提高教学质量，使学校规模逐渐扩大，教学质量不断提高。当时菲律宾侨界负有声望的人士，不乏中西学校校友，基本都受过颜文初的教诲。

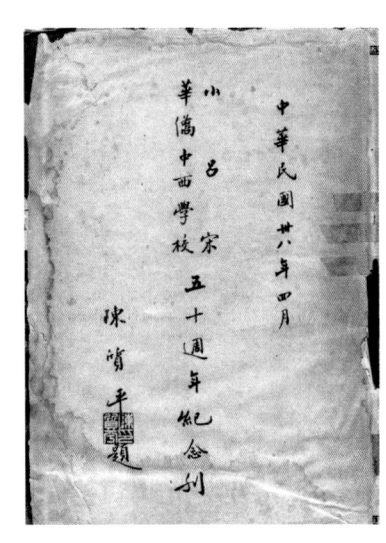

《小吕宋华侨中西学校五十周年纪念刊》封面

颜文初在筹划校务之余编著的《童子尺牍》《学生尺牍》《商业尺牍》《商业新教科书》等书，均被各地华侨学校广泛采用。同时，他还为上海《东方杂志》《小说月报》撰写大量文稿，介绍菲律宾华侨的教育情况，甚为国内教育界人士所推崇，成为名闻国内外的华文教育家。

1941年12月8日，日军偷袭珍珠港，太平洋战事爆发。同日，日军轰炸菲律宾数地，全菲进入紧急状态，华侨学校宣告停办。

日军侵占菲律宾后，华侨学校有的遭日军炮火损毁，有的被日军占用掠劫，损失惨重。侨校师生积极参与抗日工作，英勇抗敌。颜文初作为菲律宾华侨抗敌后援会宣传组成员，组织寒衣劝募活动。各个侨校都踊跃进行，中西学校童子军募捐达国币15万以上，其成绩为海内外各学校之冠。

太平洋战争期间，华侨学校虽然停办，但是，华侨仍暗中开设私塾，使华侨子弟学习不致全废。

日军占领马尼拉后，颜文初被捕入狱，仍拒绝投降。1942年4月15日，颜文初和其他8位抗日志士一起被日军秘密杀害。

1945年2月，马尼拉市光复，各华侨报刊纷纷复刊，即有两位菲律宾作家撰写颜文初先生的传记刊登在《新闻日报》《侨商公报》《中西学校五十周年纪念刊》上，竭力宣传发扬颜文初先生为国捐躯的精神和对菲律宾华侨文化事业的贡献。中西学校为颜文初召开追悼会，设立纪念堂在学校中，并将4月15日规定为学校纪念日，表彰忠烈，以垂永远。

颜文初的英雄事迹，是华侨通过华文教育在海外传承中华文化的一个缩影。华侨社团、华文教育、华文报刊是海外华侨社会的三大支柱。华侨在海外运用各种社会力量，努力发展华文教育，像颜文初这样的教育家正是其中重要的推动力量。中华传统文化正是通过这样的方式，在海外开枝散叶。

2. 侨批中的书法艺术

大部分老一辈华侨因为文化程度低,时常在写侨批时求助于侨批的职业写手,这些清末民初的职业写手大多数在家乡接受过传统文化教育,对中华传统文化浸淫甚深。因此,每一封看似平常的侨批中往往蕴含着书写者对中国书法艺术的理解和审美取向。

大多数侨批以行楷为主,当然偶尔也会遇到荡气回肠的草书。侨批中的书法大多能反映清末至民国的中国书法艺术的时代风格。

众所周知,清末以来,随着大量金石的挖掘和利用,中国书法一改明朝帖学兴盛的时代风格,而转为渐渐重视碑学的挖掘和利用,书坛上呈现碑学和帖学并重的时代风格,甚至出现了馆阁体这样呆板的书风。上述这些中国书法艺术的时代风格均在侨批中有所体现。

碑学始于宋代,清中叶以后,帖学衰微,金石大盛而碑派书法兴起。清嘉庆、道光以前,书法崇尚法帖,自阮元倡为南北书派论,包世臣继起提倡北碑,崇碑之风一时大盛。世以碑学为北派,帖学为南派。碑学是借帖学的衰微之机而乘势发展起来的。人们对因缺少创新而走向靡弱和薄俗的帖学产生厌倦,而大批碑志造像等可供文人书家们研究、借鉴和学习的实物和各种学习材料逐渐出土,碑学的兴起就是很自然的了。清中期郑燮、金农、邓石如、包世臣等碑学大家的出现,使碑学渐成气候。至清末民初,

菲律宾华侨卢其螺寄给石狮坑东吴章汉的侨批

【信文】章汉贤表侄英鉴：久未会晤，渴想殊深，遥维崇祺德祉，皆大吉祥，曷胜欣幸。愧仆于役远方，殊觉乏问世之术，年年如此，无善可陈，徒增马齿与岁月浮沉耳。因鸿羽便，修信达情并银四元，到笑纳。即询近安并祈致意叱名姨母大人玉体安康。愚表叔卢其螺 泐 旧历十二月十六日

碑学的发展达到了顶峰，出现了像吴昌硕、康有为、赵之谦、张裕钊、沈曾植、李瑞清等大批碑学家。

左图是楷书书写的侨批笺，写批人为菲律宾卢其螺，收批人是石狮坑东吴章汉。该批内容为向亲友报平安、问候亲友并随批汇款。通篇楷书寥寥几十字，字体端庄内秀，典雅雍容，结构繁简并蓄，笔画之间虚实呼应，部首之间主次平衡，全篇书写衔接流畅，用墨厚重，增加了庄重之感，在落款收笔之处略具奔放潇洒的姿态。但是仔细比较清以来的楷书，还是感觉出鲜明的馆阁体遗风，可见书写者赋予了这篇楷书一种轻松的意境，营造了欢快的格调。字与字之间排列得当，纸面整洁，字体也易于辨认，阅读起来又快又方便。

下图是1889年由马尼拉寄到石狮钞坑的侨批。这封侨批中的书法融合了碑帖的优点，反映出清末的碑学风格。笔法严谨，一丝不苟，用笔以方正

1889年由马尼拉寄到石狮钞坑的侨批

【信文】良瞒东君大人外：敬查于去月初四日，寄由采转进寸函，内详一是料荷查照矣。但岷所交实吩长茂号水牛皮计49捆，因为该号前月生理倒盘，前息业有详明，然咱所交彼之水牛皮幸未设兑，闻在吩有规例，若生理倒罢，所有外洋，倚兑之货如未设兑，尚可将原货领出，由咱托他人设兑。但此情经与许志巧兄条详，据巧兄云，实吩林长华现经就吩，新健生理名曰逢春号，是以此帮总坡黎承交林长华，托彼代咱向长茂号领出牛皮，乘机托彼为咱裁兑。然虽如此尤待长华兄回音，实在如何，后息自当再佈是也。至若贵体度然康泰，便中示至乃幸。余容后伸。此佈。近好不一　己丑八月十一日　书

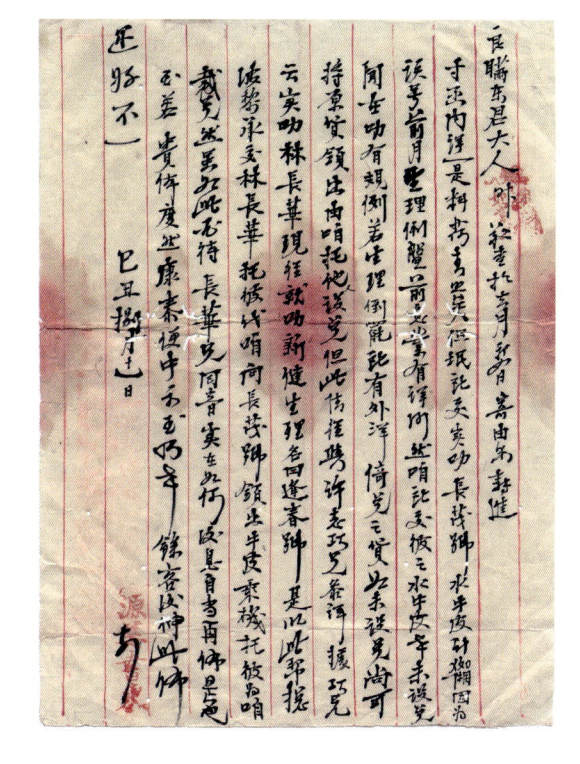

刚劲为主。侨批的书法具有北碑的元素，起笔、落笔皆是北碑笔法，并且融合了行书的风格，这在侨批当中较为少见。更为特别的是这封侨批是菲律宾源美公司业务往来的信件，主要内容是一个员工向其负责人颜良瞒汇报海外公司账务往来、经营运作情况。批笺右上方盖"如意"闲章，落款处盖"源美书柬"的公司章。侨批笺落款是"侄美寿"，美寿的身份应是颜良瞒的侄子辈的堂亲，在马尼拉的颜良瞒的源美公司任职，当颜良瞒回到家乡时，负责公司营业，并通过侨批向东家汇报公司的经营状况。

一直以来，中华文化借以华侨华人在南洋一带得到了很好的传承，中外文化通过侨批这种特殊的载体实现了交流和传递。

左图的批笺字距、行距较为疏离，整幅书法气韵连贯，字体清秀，颇有韵味。其书法流利自然，字与字气韵相绵，行与行顾盼交映，确为行书妙品。

林翀鹤，字祐安，号一朴山人，泉州人，其书法为时人所重。1916年，林翀鹤任泉州中学堂校长，开始从事教育行业；1925年又任泉州国学专修院（院址在今泉州鲤城区许厝埕）院长。林翀鹤擅长行书、楷书，小楷疏朗峻峭，毫无刻意做作之势，其书法取法明代行书大家董其昌，但是更注意矜饬细整的功夫。特别是中小楷及行书，竖笔比董其昌更腴重圆润，长横首尾逆起重顿，而右侧中间更瘦细，腴瘦配合，别有姿致。

帖学的代表作如王羲之《兰亭序》，字飘逸俊朗，我们在侨批中也常常能看到这种风格的作品。下图是1910年菲律宾华侨黄开物寄给在家乡漳州锦宅的妻子林氏的侨批。这件侨批是一件帖学味道浓厚的行书作品，整幅侨批写得酣畅淋漓，自然率真，用墨清

泉州清朝进士、书法家林翀鹤寄往菲律宾的回批

【信文】礼法兄台升：刻接到台函又龙银十五元，当将诸费开讫。惟今年龙眼未知生否，当即派人往查，如可购卖（买），当即代购。手此敬覆。即候 台佳 祐安启 七月初二日

淡，笔法内敛，偶尔夹入草书则显严守草书法度，表现了娴熟的书法修养。

帖学历史悠久，真草隶篆各体兼备，笔法丰富，一直得历代书者的喜爱。而至清末民初，碑学的发展达到了顶峰。两个流派的影响，各有千秋。

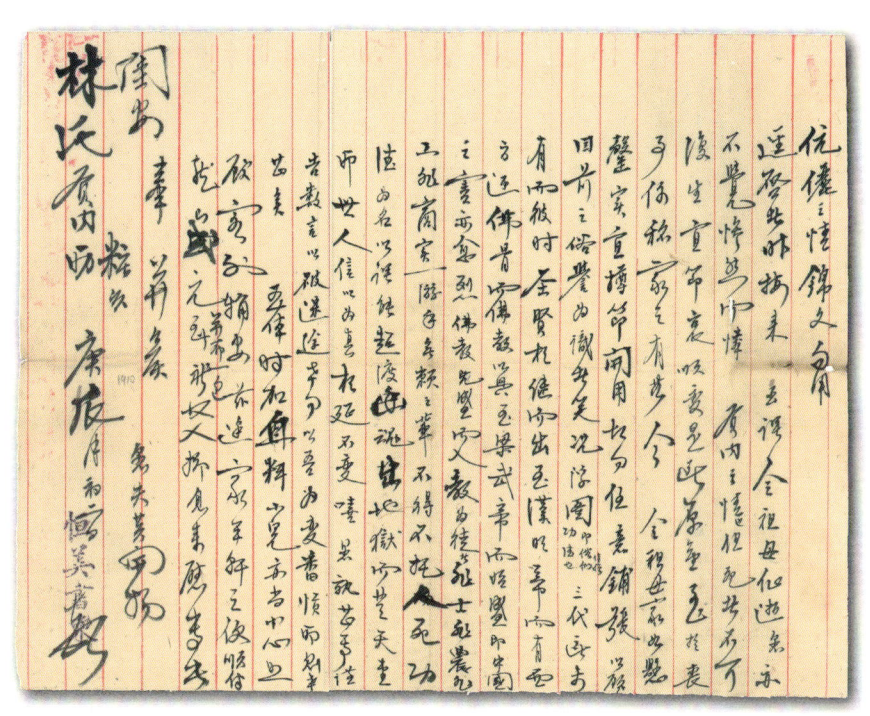

1910年菲律宾华侨黄开物寄给家乡妻子的侨批

【信文】伉俪之情,锦文勿用。

迳启者,昨接来函谓令祖母仙逝,愚亦不觉惨然,而怜贤内之情也。但死者不可复生,宜节哀顺变,是所原(愿)望。至于丧事何称家之有无,今令祖母家如悬磬,实宜撙节开用,切勿任意铺张,以顾目前之俗誉,为识者笑。况浮图即俗倩僧俗做功德也。三代所未有,而彼时圣贤于继而出,至汉明帝而有西方迎佛骨,而佛教以兴。至梁武帝而始盛,即中国之害亦愈烈。佛教既盛而入教为徒者非士非农,非工非商,实一游手无赖之辈,不得不托人死功德为名,以谓能超渡幽魂出地狱而共天堂耶。世人信以为真相,延不变。嘻,愚孰甚专谨告数言,以破迷途。幸勿以吾为变番愤耶,则幸甚矣。玉体时加自料,小儿亦当小心照顾。客外牏(粗)安,兹逢家平轩之便,顺付龙银贰元,并布一包,到祈收入,仰息来慰。专此奉。并候 林氏贤内助妆次闺安 愚夫黄开物 庚瓜月初二日 顿首

因此，出现了一些融合碑帖两种风格为一体的书家。下图是由菲律宾华侨黄至顽寄给在锦宅的叔叔黄开物的侨批，其内信就属于融合碑帖两种风格为一体的作品。作品有碑学厚重而不修饰的笔法，以中锋为主的用笔风格。

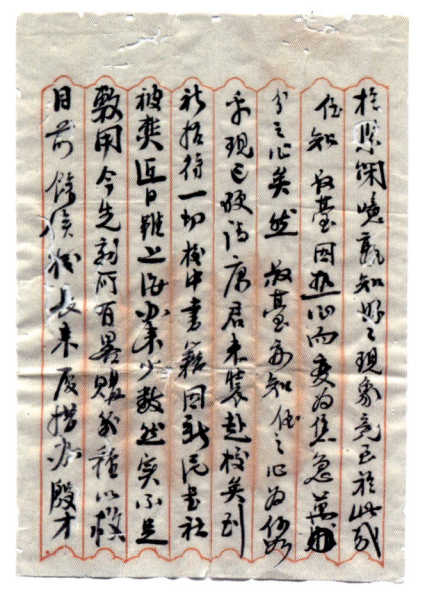

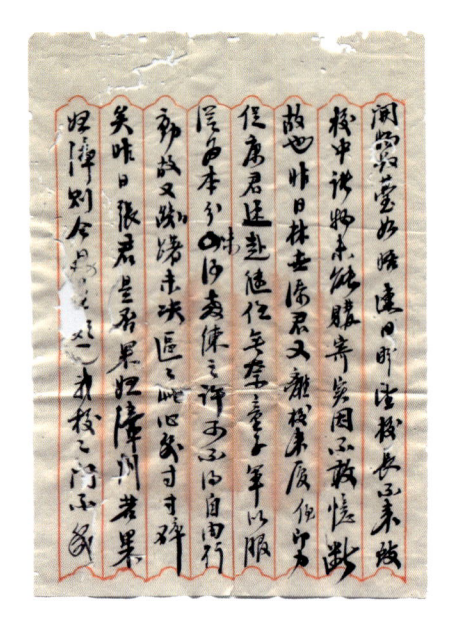

菲律宾华侨黄至顽寄给在锦宅的叔叔黄开物的侨批

【信文】开物叔台：如晤。连日盼望校长不来，致校中诸物未能购寄，实因不敢忆断，故也。昨日林世添君又离校来厦，侄即力促康君速赴继任。无奈童子军以服从为本分未得教练之许可，不得自由行动，故又踟蹰未决，区区此心，几寸寸碎矣。昨日张君是否果归漳州，若果归漳，则今□□□，我校校门不几于紧闭。噫，孰知好好现象，竟至于此哉。侄知叔台因热心而变为焦急万分之心矣。然叔台亦知侄之心未何如乎？现已硬请康君束装赴校矣，到祈招待一切。校中书籍因新民书社被焚，近日虽上海办来少数，然实不足敷用。今先就所有略购几种，以救目前，余俟校长来厦措办。殷才君因入童子军费巨大，近日再向侄先去十元（分二次支去），实出不得已。以其月俸计之，将本七月份扣抵外，尚侵我二元，俟后月抵扣可也。斯人非张雪湖君之变形，请勿虑。匆匆肃此。即请 秋安 八月即午 侄至元言 宗锐君照常上课颇守法

但在书写的过程中流露出作者的帖学基础，字与字之间顾盼，布局浑然天成，洒脱俊劲。

侨批书写者水平参差不齐，能达到相当书法水准的侨批作品毕竟不多，但是也有一些较优秀的书法作品，如陈持松写给黄开物的侨批，在辛亥革命时期从香港寄往家乡漳州锦宅，内容大多谈论辛亥革命的事情，其书法颇见功力。

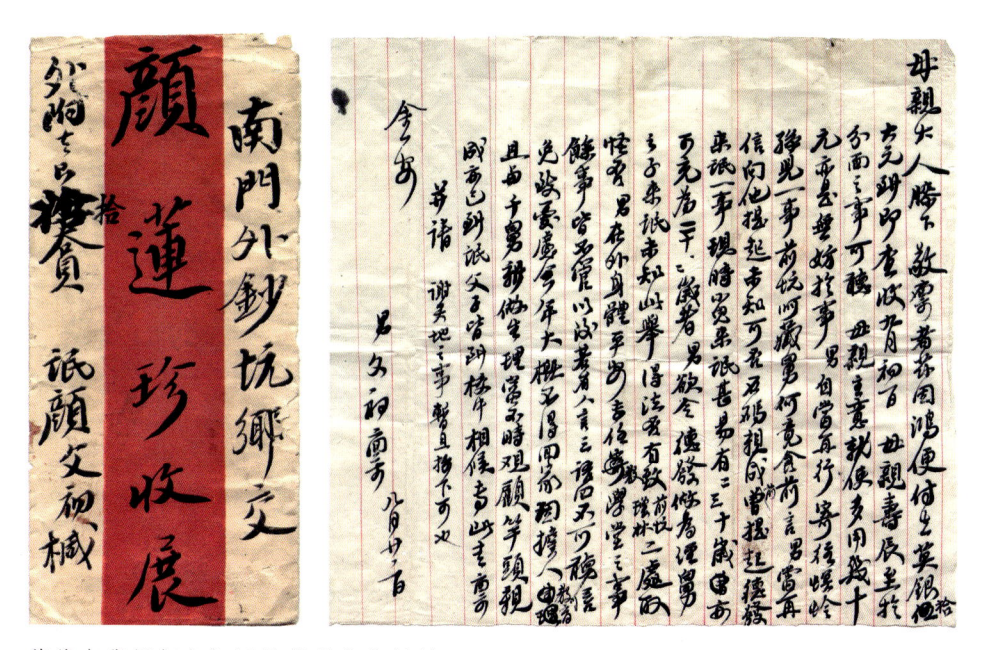

菲律宾华侨颜文初写给其母亲的侨批

【信文】母亲大人膝下：敬禀者，兹因鸿便付去英银拾大元，到即查收。九月初一日母亲寿辰，至于分面之事可听母亲主意，就使多用几十元亦是无妨于事，男

自当再行寄往。螟蛉孙儿一事，前坑呵藏舅何竟食前言，男当再信向他提起，未知可否？石码亲成前曾提起德发来岷一事，现时小儿来岷甚易，有二三十岁亦可充为二十一二岁者。男欲令德发做为经舅之子来岷，未知此举得法否？有致前坑、琼林二处取怪否？男在外身体平安，专任教学堂之事，余事皆不管，以后若有人言三语四不可听信，免致忧虑。今年大概不得回家，因担任教育且与千舅新做生理，当不时观顾。竿头亲成亦已到岷，父子皆到校中相候。专此专禀并请　金安　谢天地之事暂且按下可也

男文初禀　八月廿二日

  上图为菲律宾华侨颜文初写给其母亲的侨批，系采用颜体书写，难得一见。颜文初自幼熟读诗书，浸淫于传统文化，自然仰慕同姓的颜真卿所写的颜体。颜真卿的人品、书品自不待言，为国抱负的情怀令后来者崇拜不已，其所书《祭侄文稿》乃是追祭为国捐躯的侄儿所作，写得真情流露，令人感怀，成千古悲愤之作，前无古人。古代中国书法主张人品、书品合一，诚为真言。颜文初学习颜体，领会书法的真谛，有报效国家之情，遇到国家危难之时，自然投身抵抗日本人的行列中，确属英雄所为。

3.侨批中的民俗与民间信仰

下南洋的福建人继续保持着乡土文化的归属感,在家乡与侨居国两地交流过程中,传承演变出丰富多元的文化交融现象。

透过侨批,可以看到海外华侨与家乡亲人在你来我往的联系中,用文字嘱托生活中的琐事。相同的年节、民俗、信仰等,成为连接族人亲情的纽带。一封封批信展示出所处时代的民风民俗,以及背后蕴含的民族文化认同感。华侨们也将自身对传统文化的重视,身体力行地传递给家族年轻人,使得传统文化在海外华侨华人中代代相传。

华侨华人将民俗带到菲律宾,当地传统节日的礼俗形式与闽南无异。如除夕守岁、新年祭祖、给孩子压岁钱、元宵观灯、清明扫墓、端午结粽、中秋赏月等均与闽南如出一辙。

春节是重要的传统节日,华侨非常重视,每逢春节寄侨批给家人,常常使用吉祥的红色批封。

闽南的民俗和民间信仰是闽南文化的组成部分,它也伴随着华侨移民而传播到海外的侨居地。

在菲律宾华侨颜清芬寄给石狮钞坑的妻子郑氏的侨批中,他吩咐妻子按当地风俗,为儿子周岁"筹办牲礼筵味敬谢檐墘妈"。

"牲礼筵味"是庆典活动中必须准备的供奉用品的统称。而敬奉"檐

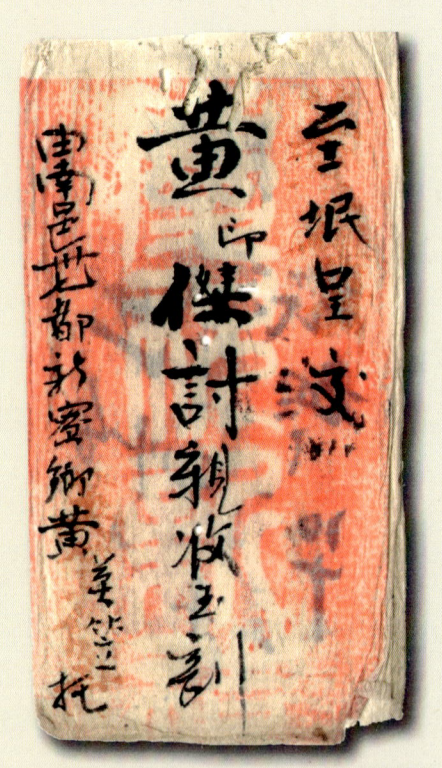

春节期间亲人使用"庆祝新禧"红色侨批封给海外华侨祝福

华侨返乡后围桌吃团圆饭

华侨在侨居地举行舞狮活动

坩妈"是闽南地区独特的民间信仰,在小孩满月或周岁时,祈求"檐坩妈"保佑家里小孩平安,是闽南重要的民俗。由此可见华侨对民间信仰的重视,以及祈盼在家乡的幼儿平安的愿望。

梨园戏是福建的传统戏曲之一,至今在泉州依然传承,成为国家级非物质文化遗产。民间会在许愿或起誓时,许诺"搬戏"酬谢神明,乃是闽南重要习俗。有时甚至连演数日,邀请全村邻里来观赏。因此从邀约戏班、搭台、祭祀、宴请等细节,均需要有周全的活动安排,早早就要开始谋划。

1885年菲律宾华侨颜良瞒寄给石狮钞坑妻子蔡氏的侨批中,就提到"倩一本梨园,以敬阴光"。"倩"在古汉语中有"央求、请"的意思,在

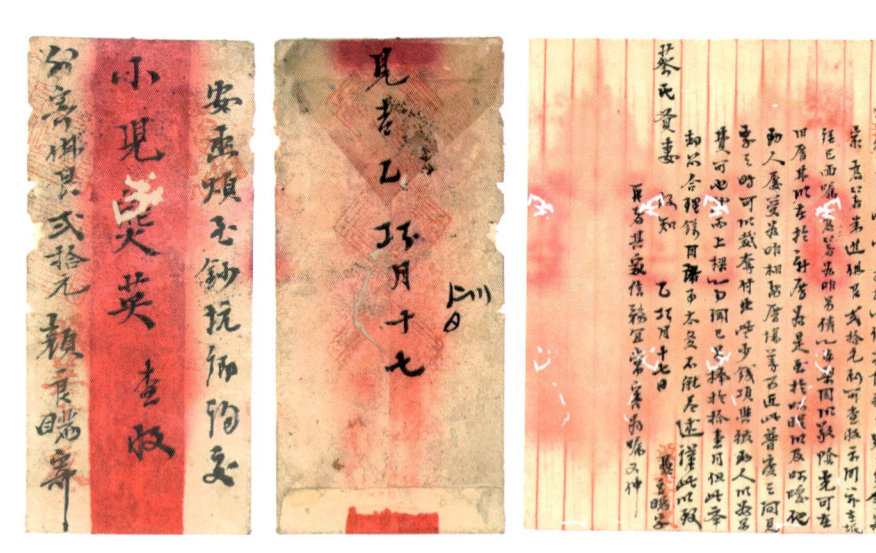

1885年菲律宾华侨颜良瞒寄给石狮钞坑妻子蔡氏的侨批

【信文】敬复者。前此十一日接到一信,其情种种知之矣。今寄家意箸第进佛银贰拾元,到可查收,示明。兹在岷经已面嘱意箸为咱另倩一本梨园,以敬阴光。可在旧厝,弗以在于新厝为是。至于呵(晊)以及呵嗳他两人屡受为咱相帮厝场等事,近此普度之间,见字之时可以裁夺。付出些少钱项,与彼两人以为另费可也。然而上梁一事,闻已另择于十一月,但此举却不合理。余回诸事太多,不能尽述。谨此以致蔡氏贤妻收知。乙巧月十七日　愚良瞒字　再者,其家信务宜常寄为嘱,又伸

华侨在侨乡建房子

华侨在侨居地开展祈福活动

闽南话中即"雇"的意思。从这封批中可见当时演戏酬神的习俗，以及梨园在侨乡的盛行情形。"敬阴光"是在泉州侨乡普遍盛行的一种民间信仰，主要是祈求全家大小内外平安顺利，一般在初一或十五，或者重要的传统节日如春节，或者家里有重要的事情如"立厝""做大生日"的时候，而演梨园以敬阴光则是闽南地区普遍存在的演戏酬神的习俗。

另外一些侨批则提到"普度"，这也是闽南重要的习俗，是糅合农历七月十五日道教中元节和佛教盂兰盆会而形成的民俗节日。一般从农历七月初一开始至农历七月三十日，每个村落都有特定属于自己的"普度"日子，每个村子每年在固定的时间会进行"普度"宴请。

此外，闽南民间极为看重新厝上梁。新房造好后，上梁时要举行仪式，并设宴招待宾客，热闹一番。这些在侨批中也有提到。

在今天的菲律宾，也能看到关帝、观音、妈祖、广泽尊王及其他地方王爷等流传在闽南的民间信仰。菲律宾早期的同业公会或工会多供奉关帝和福德正神，这两位神明在侨乡也有广泛的信众。菲律宾还有广泽尊王信仰。这些大部分是随闽南人而播迁到菲律宾的，这些宗教和民间信仰已经深深地融入大部分菲律宾华人的社会生活，是闽南文化在菲律宾传播的一个重要方面。

4. 不改乡音，守护乡土文化

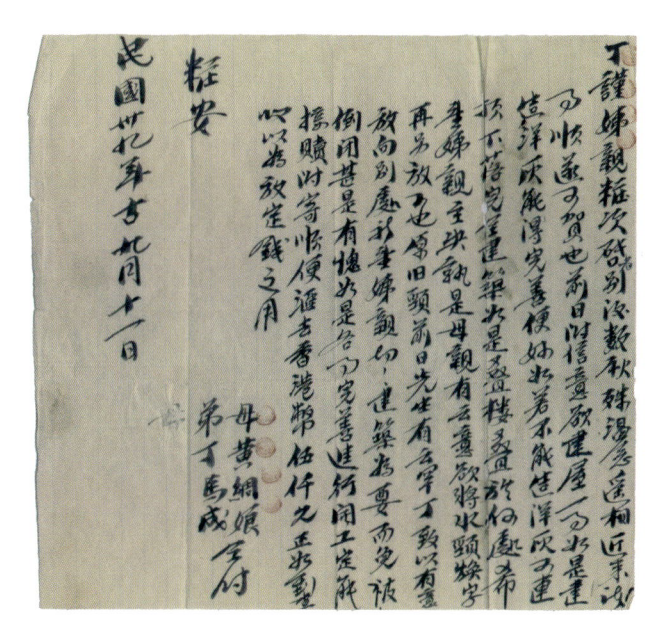

1950年新加坡华侨丁马成、黄绸娘寄给泉州涂门外后厝乡丁谨的侨批

【信文】丁谨姊亲妆次：启者，别后数秋殊渴念，遥相（想）近来诸事顺遂，可贺也。前日附信意欲建屋一事，如是建造，洋灰能得完善便好。如若不能造洋灰，可连顶下落完全建筑，如是叠楼，叠于何处，希望姊亲主决就是。母亲有云，意欲将水颈焕字再另放可也。原旧颈，前日先生有云，罕丁致以有意放向别处，祈望姊亲切切建筑为要，而免被倒闭，甚是有愧。如是各事完善进行开工，定能接赎附寄，顺便汇去香港币伍仟元正，如到查收，以为放定钱之用。妆安　母黄绸娘　弟丁马成　仝付　民国卅九年古九月十一日

何以侨批

丁马成照片

在福建省档案馆，藏有华侨丁马成写给母亲以及姐姐丁谨的一批侨批。这些主要写于20世纪50年代的侨批，内容主要谈及丁马成在家乡建房子的事宜。当时他刚刚开始策划建房，举凡建房子的资金、房子的形制乃至某处的刻字，都细致地与姐姐探讨。

从侨批中可见丁马成对他的姐姐丁谨非常尊重而且感情深厚，建筑房子的具体事情由她决定。在侨批中，他不断提到建筑房屋的具体细节，甚至附来自己手绘的建筑图纸，并陆续通过侨批汇来建筑房子的费用。

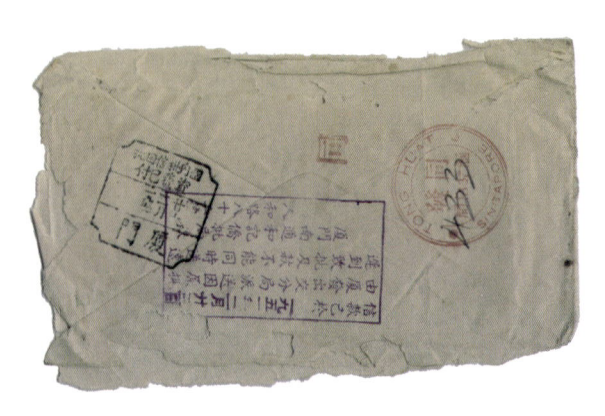

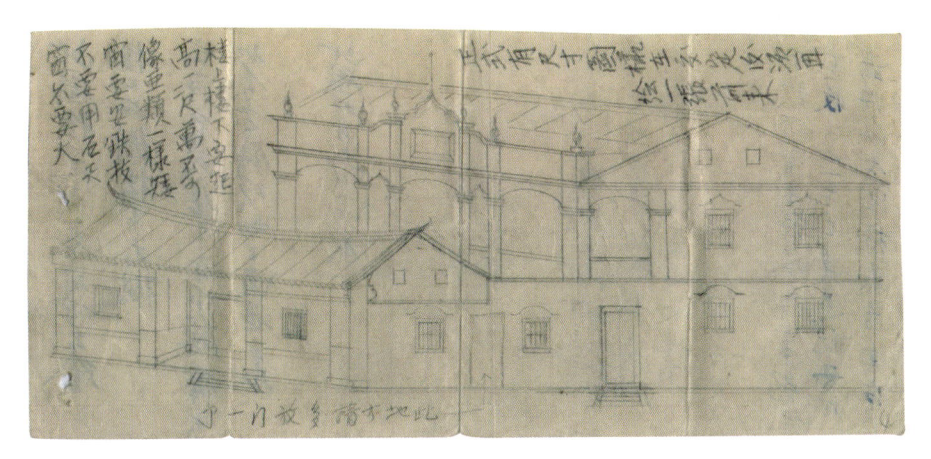

1952年新加坡华侨丁马成寄给泉州晋江县涂门外石头街后厝乡丁谨的侨批

【信文】此图系是□基司所出绘，楼上六间，楼下六间，前落旧式屋下房、下厅、榉头，如会意，钱项切切速汇来。此图九月十一日送来。
隔寸枋就可安神佛也，大听（厅）处，查佑例，楼上楼下神主放安处，可就楼下。
于款项，余当陆续寄奉，免介。查收可照此图建造就妥对，兹将该厝图样原寄回希。正式有尺寸图样在交定后，须再绘一张前来。
楼上楼下要起高一二尺，万不可像西类一样矮窗，要安铁枝，不要用石天，窗不要大。
此地方请多放门一个。

丁马成是新加坡文化奖章获得者、南音艺术家。他是新加坡湘灵音乐社的灵魂人物，推动了南音在海外的传播，让不同文化背景的人走到一起，同唱南音。

丁马成出生于福建泉州涂门外石头街后厝乡，位于现在的泉州市丰泽区东海街道。童年就读农村小学，后辍学。年轻时在家乡一家碾米厂做工，在一位工人师傅的熏陶下爱上南音，时常习唱自娱。由于生相俊俏，常男扮女装参加乡里的庆典活动，演唱南音。

十八岁时，丁马成离乡背井，远渡新加坡谋生。20世纪40年代后，他创办激成有限公司，从事橡胶生意。他诚恳待人，严守信用，并且乐于助人，深得友人和客户的信任与支持。

丁马成对故乡充满深情，他曾在《井水情》一词中这样写道："知恩报本，叶落归根，倦鸟也晓知还，我思故里渡晨昏。落拓他乡容，常怀故国春。"二战后不久，他将母亲和妻儿接到新加坡生活，但没有隔断和家乡的联系，而是选择在家乡重建祖厝，并委托疼爱他的姐姐丁谨督建。丁宅落成时，成为他家乡后厝村里最风光的洋楼。

1977年3月，丁马成母亲逝世，守丧期间，亲友请来湘灵音乐社清唱南音。亲切的乡音及幽咽凄清的箫弦声，不仅寄托了对一手抚养他长大的母亲的沉痛哀思，更唤醒他对中华文化价值的认同感与归属感。

南音，又称南曲、南管，是流行于闽南和台湾的民间音乐。随着闽南华侨移居东南亚，南音也在闽南华侨聚集的国家和地区流行。新加坡湘灵音乐社就是一个专门研习南音的民间音乐团体。

在当时，湘灵音乐社正处在建社以来最衰微的时期，丁马成自荐出任社长，并倡办了首届"亚细安南乐大会奏"，推动了传统南音的复兴，影响深远。

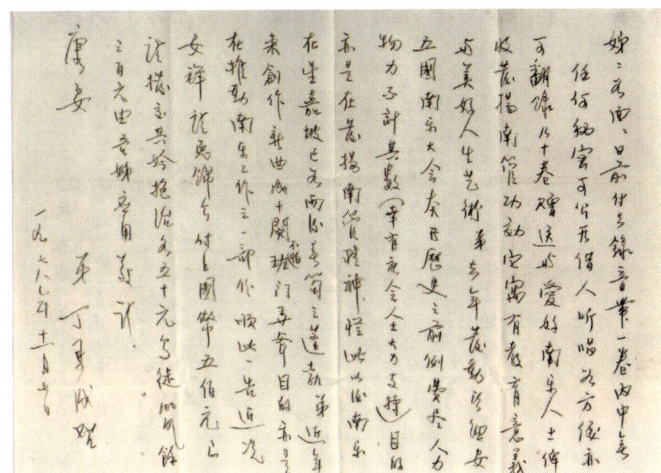

1978年新加坡华侨丁马成寄给泉州晋江县涂门外石头街后厝乡丁谨的侨批

【信文】姊姊：如面。日前付去录音带一卷，内中无任何秘密，可公开借人听唱，如方便，亦可翻录几十卷，赠送与爱好南乐人士，俾收发扬南管功效，它寓有教育意义与美好人生艺术。弟去年发动亚细安五国南乐大会奏，开历史之前例，费尽人力物力不计其数（幸有社会人士大力支持），目的亦是在发扬南管精神，从此以后南乐在星嘉坡已如雨后春笋之蓬勃。弟近年来创作新曲成十阕，不怕班门弄斧，目的亦是在推动南乐工作之一部份。顺此告近况安祥，请免锦介。付上国币伍佰元正，请拨交其妗、抱治各五十元，乌徒一百元，余三百元由吾姊应用。敬请　康安　弟丁马成启　一九七八年十一月七日

丁马成在出任湘灵音乐社社长期间（1978—1991），以现代社会的种种题材创作了数百首新南曲，并出版了《南管精华大全》上中下三集和《丁马成作品选集》。

1983年，湘灵音乐社在丁马成率领下，远征英国，参加第三十七届兰格冷世界民族音乐及歌乐比赛。由丁夫人王月华演唱，丁马成填词的《感怀》一曲，夺得民族独唱组第三名，器乐合奏《走马》获得民族乐演奏第四名。这是南音首次在国际乐坛上获奖。

1984年3月，丁马成应泉州市文化局邀请，率领湘灵音乐社一行30多人到泉州访问、演出。演出前，丁马成发自肺腑的一席话感动了台下所有人，他用"外甥找母舅"来形容海外华人与祖国祖家的关系，令听者动容。

丁马成的作品很多表现对家乡的思念和对家乡亲人的牵挂。如下面这首《归里思怀》：

自别家乡两度归，几经秋瘦与春肥。
蛛因结网肝肠断，烛为生光血泪垂。
世事年华流水去，亲朋风雨落花飞。
心情如困乱山里，百叠千重费解围。

另一首《唐山阿伯憨憨雄》虽写的是唐山阿伯，但实是丁马成自己的缩影：

唐山阿伯憨憨雄，刀山剑树，龙潭虎穴亦平常，双两手单身汉，无亲无故渡重洋。由工而职，由贩而商，合以致富，勤以致强，见义勇为，当

仁不让，不朝秦暮楚，不夕短朝长，唐山阿伯守信用，唐山阿伯有始终，唐山阿伯因此而名扬。

这位见义勇为、守信用、有始终的唐山阿伯，不正是丁马成自己吗？这一点也可以从著名书法家潘受赠丁马成的诗中得到引证，其诗曰："身无媚骨诺如山，儿辈公卿免汗颜，我亦低昂同市井，拍肩屠狗卖浆间。"

丁马成从小与南音结下不解之缘，他见到西风东渐，人心不古，南音受到流行音乐的冲击而日渐式微，便以挽救传统、中兴古乐为己任，奋臂疾呼。他在《鸾凤和鸣》一曲中这样写道：

南管音律分外娇，声随游子处处飘，风风雨雨，箫箫寥寥，苟延残息到今朝。

南音已到了"苟延残息"的地步了，其原因是什么呢？这可在《灯月会》一词中找到答案。他认为"南管流传几百年，音律清妙，不与寻常比，只可惜内容失时宜，多为女儿情，半是凄凉意，妨碍进取心，消沉英雄志"，因此，他希望"集思广益创作内容，灌输教育新意义"，创作新曲，跟上时代，复兴南音。他身体力行，创作南音歌词三百多首，与卓圣翔合著《南管精华大全》，为南音乐曲注入新生命与活力，被誉为复活南音的大功臣。

作品往往是作家生活的写照，从丁马成所撰写的近三百首南音词作中，可以看到他的经历及为人处世的原则。他从一个学徒，赤手空拳，远渡重洋，做苦力，然后成为商界巨子，在战火硝烟的商战中，赢得了胜利，也受过挫折，曾"遇非人，前功尽弃"。他尝尽酸甜苦辣，经历人世沧桑，心里有许多话要说，又不知怎么说，只有用南音来抒发内心的情感。

因为丁马成对南音的贡献，1987年新加坡政府颁赠他国家文化奖章。丁马成晚年积极投入振兴南音的工作，矢志不移，为南音音乐史掀开崭新的一页，其奉献的精神令人敬仰。他虽然只受过三年的正规教育，但却饱读诗书，风度翩翩，具有儒者风范，而且待人至诚，怀着爱国爱乡、热爱中华文化的热忱，写下一支支至情至性的诗篇。

乡音歌赋是深深扎根在故土的艺术形式，是华侨心中不能忘怀的乡愁记忆。华侨生长在故乡，耳濡目染地掌握家乡的艺术形式，也就自然而然地将家乡传统艺术形式带到海外。

丁马成的事迹，是福建乡土文化在海外传播的一个缩影。

七 守望人类记忆遗产

侨批记录了19世纪中期以来中国国际移民向亚洲、美洲、大洋洲等地区迁移的历程，记录了在近代社会风云变幻中，中外文化碰撞与融合的历程。同时，它还是记录侨居国历史文化变化的国际性文献。因而，侨批档案具有原始性、民间性、完整性、不可再生性，在近代国际移民记忆遗产中更具有唯一性和突出的世界意义。

　　自申遗成功以来，福建省档案部门积极开展抢救保护、研究开发和宣传推广工作，发挥了侨批档案在促进中外人文交流、弘扬华侨精神、讲好中国故事与侨批故事中的独特作用，有效服务"海丝"建设和侨务工作。

1.侨批档案的遗产价值

侨批档案为何能够入选《世界记忆名录》，成为世界记忆遗产？这要从《世界记忆名录》的设立说起。

《世界记忆名录》起源于联合国教科文组织对文献遗产的重视。1978年11月28日，联合国教科文组织大会第二十届会议通过了《关于保护可移动文化财产的建议》，这份建议认为，文化遗产应当包括文献遗产在内，比如具有特殊意义的文件档案、照片、电影胶片、录音录像带、机读记录和手稿、古版图书、古籍抄本、现代图书等。

1992年，联合国教科文组织正式开始实施"世界记忆项目"，希望用最佳技术手段保护具有世界、地区和国家意义的文献遗产，让这些文献遗产能够被广大公众利用，并在全世界范围内提升人们对本国文献遗产，尤其是那些具有世界意义的文献遗产的重要性的认识。

也就是说，世界记忆是文献遗产，是全人类以文献形式保存和收集的记忆。世界记忆项目所关注的就是手稿、图书馆和档案馆保存的任何介质的珍贵文件以及口述历史记录等等。

世界记忆项目的目标是以最恰当的技术加强对世界上过去、现在和未来文献遗产的保护；促进文献遗产的普遍利用；提高全世界对文献遗产重要性的认识，从而促进公众之间和文化之间的对话与相互理解。

为了实现这些目标，1995年，世界记忆项目建立了《世界记忆名录》，收录符合世界意义入选标准的文献遗产。对于档案文献遗产来说，列入《世界记忆名录》不仅会大大提高其地位，而且会得到更好的保护。

当然，世界记忆项目还鼓励建立地区和国家名录，收录具有地区和国家意义的文献遗产。

迄今为止，中国列入《世界记忆名录》的有15项，"侨批档案——海外华侨银信"就是其中之一。

20世纪70年代以后，侨批业逐渐淡出国人视野，侨批也与华侨和侨眷的生活渐行渐远。随着银行等官方汇款渠道日益完善，侨汇的途径越来越多，侨批"银信合一"的特征日渐消逝。

20世纪90年代以后，随着互联网在中国崛起，远隔重洋的亲朋好友之间的交流越来越便利，电子邮件、QQ等通信工具也让侨信渐渐成为历史。进入21世纪，移动互联网迅猛发展，微信等交流、汇款渠道日趋便利，侨批被多数人所遗忘，成为一段尘封的侨史记忆。

一张张写着汇款数额的红条封、一封封满载思念亲情的泛黄家书，除了一些集邮收藏者以及少数研究者关注，乏人问津。

所幸的是，21世纪以后，侨批及其相关档案文献、遗存的保护与开发，重新进入公众视野。这其中的标志性事件，正是"侨批档案——海外华侨银信"成功入选《世界记忆名录》。

侨批不仅记录了海外华人与家乡互动的历史，对海外华侨华人来说，更是他们珍贵的记忆。可以说，侨批承载着海内外中国人的集体记忆。

尤其是老一辈的华侨华人，他们或者亲手写过、寄过侨批，或者帮助父母寄过侨批，侨批可以帮助他们唤起曾经的岁月影像。对于他们而言，侨批曾是他们年幼、年轻时代生活的一部分，是他们生活体验、人生记忆的一部分。

正如许多华侨华人所自豪地表示的："侨批是我家的世界遗产。"许多华侨华人家里可能都有侨批，它是海外华侨华人寻根的桥梁。

侨批能够唤起人们对恋祖爱乡、孝敬友爱、诚实守信的中华传统美德以及敢拼会赢、乐善好施、海纳百川等精神风貌的记忆。

侨批真实地记录了华侨华人对家乡故土的深厚眷恋，对父母的关怀孝顺，对兄弟朋友的团结友爱。他们寄钱养家，为家乡公益事业捐款，慷慨解囊支持辛亥革命，在抗日战争时期捐资救国、共赴国难，这些都在侨批档案中体现得淋漓尽致。在侨批中，也有华侨华人做生意坚守信义的记载，而侨批业本身就是基于诚信建立起来的经营网络。

侨批档案还真实记录了海外华侨华人敢拼会赢的奋斗历程，展现了"敢冒风险、敢为人先"的打拼与自强的个性。在改善家庭、家族的经济状况的同时，他们还关心家乡的公共事业，建立学校，修桥补路，为改变家乡面貌贡献力量。

中华文化自古就具有包容性和开放性，华侨华人也秉承了这一点。侨批档案中包含着大量多元文化相互交融、相互影响的因素，体现着中华文化对异域文明的兼收并蓄，也体现了"海纳百川、有容乃大"的开放气度。

滨下武志是长期研究中国社会经济史、东亚经济史、东南亚华侨华人史的学者，其最早将侨批纳入亚洲金融贸易体系加以考察。他认为，侨批、侨汇的流动过程，加强了早已存在的亚洲金融贸易体系，而一些外商银行参与侨批业经营，则促进了以新加坡、香港、上海为中转站的亚洲地区金融体系的形成，并使之连接欧美金融体系。在他看来，侨批是推动亚太区域互动，推动邮政、交通、商业网络、汇兑等整合的流动资源。

可以说，从国际视角来看，侨批所带动的资金流动，与其覆盖区域的人口流动和商品流动，一同构建了一个国际金融商贸网络体系，加强了海外华人社会与中国东南侨乡之间的经济、社会关系。

今天，中国在全球治理中倡导构建人类命运共同体，实现共赢共享。作为族群和谐共荣的历史实践，侨批当可以在唤起华侨华人历史记忆，为共赢共享而努力方面起到应有的作用。

2. 抢救保护任重道远

入选《世界记忆名录》，代表着侨批档案的世界意义与历史价值成为世界范围内的共识。对于侨批档案的保护与利用来说，这是一个全新的起点。

到目前为止，福建省调查到的可提供目录的档案馆、文博单位和民间收藏的侨批档案有8万多件。

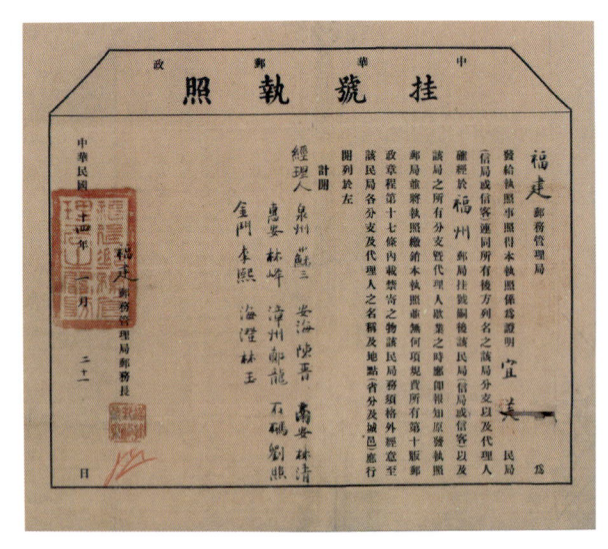

1925年福建邮务管理局发给宜美信局的挂号执照

福建现存的侨批档案主要集中在清末和民国时期，最早可追溯至19世纪80年代，最晚截至20世纪90年代。档案内容涉及几十年持续往来的家族侨批、侨批局形成的原始文件、海内外侨批同业公会形成的原始文件、政府侨批管理政策以及官方金融机构形成的侨批（侨汇）业务汇总文件等。

世界记忆项目的愿景是，世界的文献遗产属于所有人，应当为了所有人的利益予以完整地保存和保护，并在充分尊重文化习俗和客观现实的前提下，确保文献遗产能够永久被所有人无障碍地利用。

由于诸多原因，侨批这一珍贵的民间文献亟待保护抢救。在旧城改造的过程中，一些侨眷侨属老宅中的侨批可能因搬迁而被毁弃；在泉州、漳州等地的闽南丧葬习俗中，当老人离世时，其生前使用或保存的物品也付之一炬，有些侨批因老华侨的离开而消亡；民间最早关注侨批的集邮爱好者大多以侨批封为鉴赏标准，早期的收藏多着重研究侨批信封的集邮价值，无形中造成信封破损、内信残缺、信封和信笺不符等问题，许多侨批也因此被损坏。

如何抢救、保护珍贵的侨批档案？加大对散存于民间珍贵侨批档案的征集力度，开展福建省各收藏单位和个人侨批档案普查和资源整合工作，是一个重要方式。

在侨批档案申遗前后，福建省档案局（馆）组织全省侨批档案资源普查，面向社会开展抢救性征集，加强馆藏侨批档案整理和安全规范管理，建立侨批档案数据库。福建省档案馆还将馆藏侨批档案全部数字化，侨批档案数字化及目录采集采用统一的标准与格式，为全省侨批档案数据库建设及共享奠定良好的基础。

目前，福建省档案馆已经初步建立了包括侨批实寄封、汇票，批局经营与政府管理档案，批信从业者口述档案及批局遗址调查档案等

《福建省侨批档案保护与利用办法》于2021年12月1日起施行

多维度的侨批档案资源体系。

2021年12月1日,《福建省侨批档案保护与利用办法》正式施行。福建侨批档案的保护与利用有了坚实的法治保障。

未来,侨批档案保护利用需要更多社会力量的关注和支持,除了向海外华侨华人广泛征集珍贵侨批档案及华侨华人档案等文献,还需深入侨乡基层挖掘侨批民间收藏,找寻、采访与侨批历史事件、人物、遗址有密切关联的人或团体,形成立体的侨批"活档案",并通过各种手段和方式促进侨批档案的共享利用,使这一宝贵的人类记忆得到永续传承。

3. 让文献遗产"活"起来

百年跨国两地书——福建侨批档案展

  侨批档案作为华侨文化的重要载体之一，凝聚着华侨华人和侨眷的集体记忆，是中国文化、中国精神的具体体现，在华侨华人心目中占据着独特的、不可替代的地位，为讲好中国故事提供新的蓝本。

  如何让文献遗产"活"起来，让更多人认识侨批，让侨批真正火起来，成为福建的文化名片，是侨批档案开发利用的重头戏。

何以侨批

在侨批申遗之后，福建省档案馆策划设立了"百年跨国两地书——福建侨批档案展"，借助从海外寄往国内的不同时期、内容、样式的珍贵侨批，真实反映了华侨华人在海外奋斗打拼的情景，展示了福建华侨华人爱国爱乡、团结互助、造福侨乡、思亲孝悌的历史。

2013年至2023年间，"百年跨国两地书——福建侨批档案展"多次出国展出，从印尼、菲律宾、泰国等东南亚国家，到日本、美国、新西兰等，展览深受海内外华侨华人和普通民众欢迎。

2014年9月，"百年跨国两地书——福建侨批档案展"来到马来西亚柔佛州新山县福建会馆，华人曾福华先后两次到福建会馆参观展览，在他了解到福建省档案馆这些年为保存侨批所作出的努力，以及对于系统保存、研究及整理的能力之后，现场捐赠了十多件侨批档案。

曾福华，祖籍福建省古田县，1955年出生于马来西亚柔佛州永平县，20世纪80年代始活跃于柔佛州新山县文化界，是当地有名的漫画作者和红学家。

据其儿子曾鹤知介绍，有一年，曾福华的好友陈景翼打算从马来西亚移民印度尼西亚，在整理家中物件时发现了一批侨批资料。陈景翼知道曾

2015年"6·9国际档案日"，马来西亚华人曾福华（左一）专程返回祖籍国向福建省档案馆捐赠侨批档案。

福华一直以来都有收藏史书、资料和剪报的习惯，就询问其是否愿意收下这一批资料，这批档案就这样转到了曾福华的手上。

此后，曾福华一直与福建省档案馆保持密切联系，商讨有关手中档案的去向。他始终认为这批档案拥有无限的价值，对于这批档案的归属，唯有捐赠才是唯一的出路。在决定向档案馆捐赠以前，曾福华寻访了新马两地文化界、学界的友人，获得好友们的支持以后，决定向福建省档案馆捐赠这一批珍贵档案。每当提起捐赠档案的想法，曾福华总是会回答："将他们交给懂得研究、收藏的人才对！"最终，在福建省档案馆的安排下，曾福华于 2015 年 6 月抵达福建省福州市，并向省档案馆捐赠两百多件侨批档案，之后还前往祖籍地古田寻根，不仅为这批档案找到了合适的"家"，也完成了自己生命寻根的夙愿。

对于在海外出生、成长的年轻一辈华人而言，一封封泛黄的侨批，或许能敲开他们的记忆之门，帮助他们回忆起祖辈们曾经用这样的方式与家乡的亲人们保持着联络，对家乡的变迁发挥着影响。

在举办"百年跨国两地书——福建侨批档案展"的基础上，福建省档案馆还打造出了网上展厅，不断扩大受众面。

配合侨批档案展览需要，福建省档案馆还组织创作了《水客递送》《批局经营》《侨批》三部动漫影片，生动再现了侨批兴起、发展、繁荣、衰落的历史进程以及蕴藏在其中的重要历史价值和文化意义。

侨批主题动漫片

侨批纪录片《百年跨国两地书》《走近侨批》

2019年6月，福建省档案馆举办《福建侨批档案文献汇编》首发仪式，该丛书由福建省档案馆编纂，丛书共25册，是福建侨批档案文献系统整理出版和研究开发的重要成果。

通过纪录片、影视剧、短视频、微电影等多样化演绎形式，创作中外社会民众喜闻乐见的文化产品，已经成为福建省对侨批档案开发利用的重要规划。

2021年10月起，由国家档案局、福建省档案馆等单位联合拍摄出品的纪录片《百年跨国两地书》《走近侨批》在福建电视台新闻频道、公共频道、海峡卫视、世界记忆项目中国国家委员会官方网站等媒体平台上播出，反响热烈。

提高公众对侨批档案保护利用的意识，媒体的作用不可忽视。在侨批档案申遗前后，福建省档案馆加强了与主流媒体合作，在《中国档案报》《福建日报》《福建侨报》等报刊上开设专栏，宣传侨批档案蕴含的爱国爱乡、孝悌诚信等故事。

2018年，国家档案局、联合国教科文组织世界记忆项目教育和研究分委员会在福建省档案馆设立世界记忆项目福建学术中心，该中心以侨批为桥，与新加坡、马来西亚等国家以及中国澳门地区文献机构密切联系，举办"无限江山笔底收——新加坡早期中文报业与星闽记忆"展、"闽澳世界记忆与海上丝绸之路"展览暨学术研讨会，让两地的文献联袂呈现，共同讲述丝绸之路上结下的友谊和故事。

2021年，世界记忆项目福建学术中心在晋江侨批馆设立实践基地，开设梧林"侨批文化"研学实践课堂，推出侨批主题画展等，众多青少年在这里开展研学实践，感受侨批文化。

与此同时，泉州市档案馆在泉州古城中山路创建的泉州侨批馆，是福建省档案局、省档案馆授牌的首个"福建侨批展示基地"。泉州市档案馆以此为中心，在泉州市选取8个文化遗产点、文化旅游景点、传统村落、著名侨镇侨村建设各具特色的侨批分馆，打造"1+8"侨批档案展示基地，使其串珠成线、聚点成网，与世遗文化、海丝文化、华侨文化、古城文化有机融合，交相呼应。

歌仔戏《侨批》、侨批原创歌曲及MV、网络"爆款"侨批文创品等纷纷问世，侨批主题文学创作大赛如火如荼开展，让侨批文化逐步走向大众化，侨乡人读懂侨乡事，情感表达更浓厚真挚。

历史上，侨批曾经在国内侨眷和国外华侨之间架起一座桥梁，今天，通过不断挖掘侨批档案的现实意义与价值，侨批将成为唤起世界华人记忆、推动文明对话的"活"的遗产。

福建省档案馆 编著

何以侨批

图录卷

海峡出版发行集团 | 福建教育出版社

图书在版编目（CIP）数据

何以侨批. 图录卷/福建省档案馆编著. —福州：福建教育出版社，2023.12
ISBN 978-7-5334-9887-0

Ⅰ.①何… Ⅱ.①福… Ⅲ.①华侨－书信集②侨务－外汇－史料－福建－图录 Ⅳ.①D634.3②F832.6

中国国家版本馆CIP数据核字（2023）第244192号

目 录

一 过番谋生　侨批溯源……………………1
1. 漂洋过海…………………………3
2. 异国打拼…………………………7
3. 侨批产生…………………………14

二 海上批路　汇通天下……………………27
1. 水客递送…………………………29
2. 批局经营…………………………32
3. 银行经营…………………………49
4. 政府管理…………………………55

三 家书万金　情系桑梓……………………61
1. 顾家赡养…………………………63
2. 慈善公益…………………………69
3. 兴乡之源…………………………77
4. 爱国情怀…………………………85

四 海邦剩馥　记忆永存……………………91
1. 文化交融…………………………93
2. 世界记忆…………………………109

附录一　入选《世界记忆名录》的中国档案文献……………120
附录二　入选《世界记忆亚太地区名录》的中国档案文献…129

一 过番谋生　侨批溯源

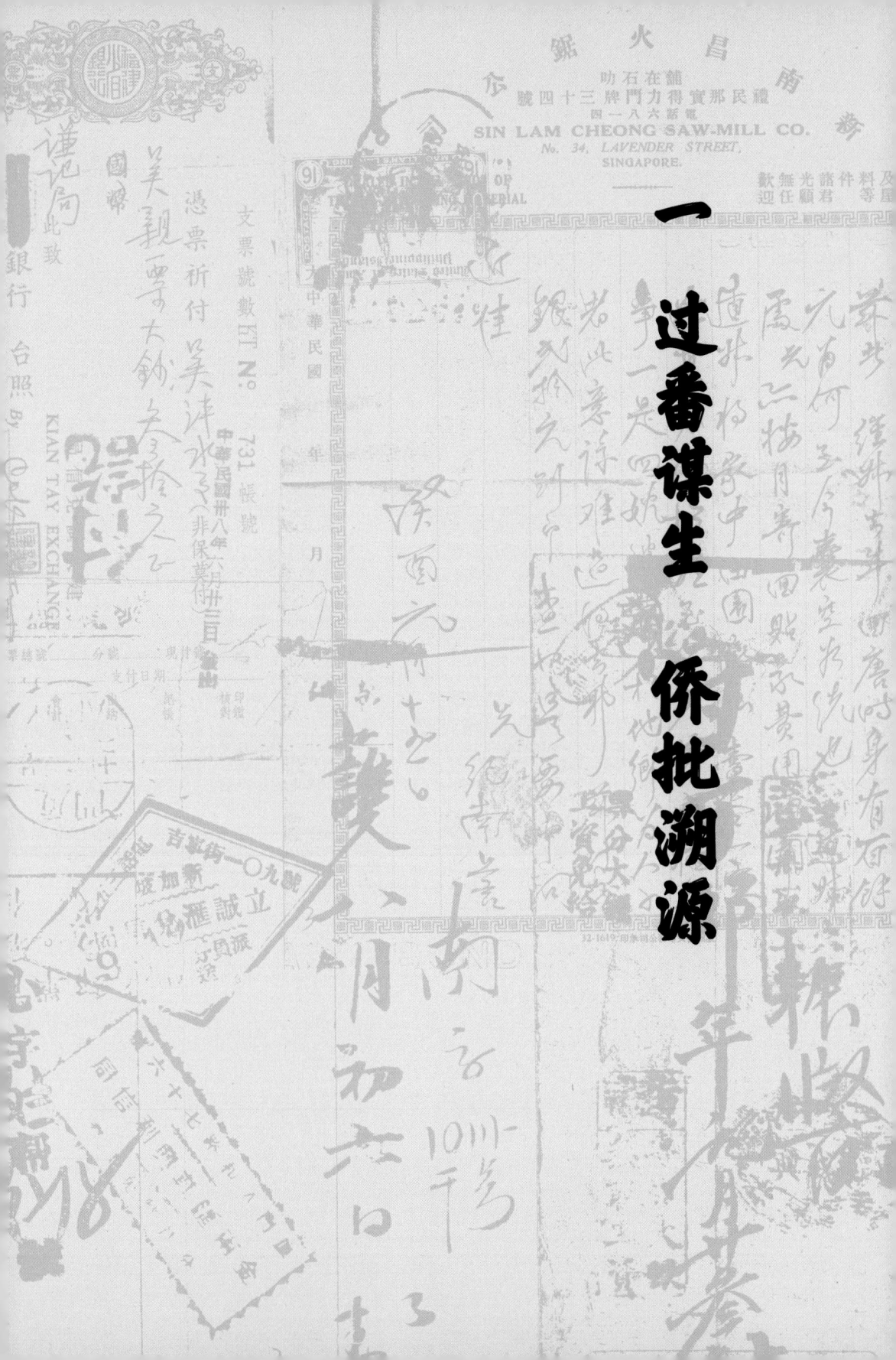

自古以来，福建人就有"漂洋过海，过番谋生"的传统。据载，早在唐代就有福建泉州地区的商人到东南亚经商。宋元时代，中外交往日益密切，移居海外人数逐渐增多。明清以后，更有福建的大批居民移居菲律宾、马来亚和印尼等东南亚国家和地区。在海外打拼的华侨将钱款连同书信寄回家乡，于是维系海外移民和国内家乡眷属经济与情感纽带的侨批应运而生。

1. 漂洋过海

鸦片战争后，随着厦门、福州等地的相继开埠，加之国内社会动荡、自然灾害和人口压力等因素，以及东南亚、美洲、澳洲等地区的相继开发，东南沿海百姓纷纷远赴重洋，踏上海外谋生之途。

移民始发地之一——19世纪末的厦门港

亲友的牵线搭桥是最便捷的海外移民途径，该信记述了厦门籍新加坡华侨洪以能询问其姐姐及甥媳前来新加坡的情况。

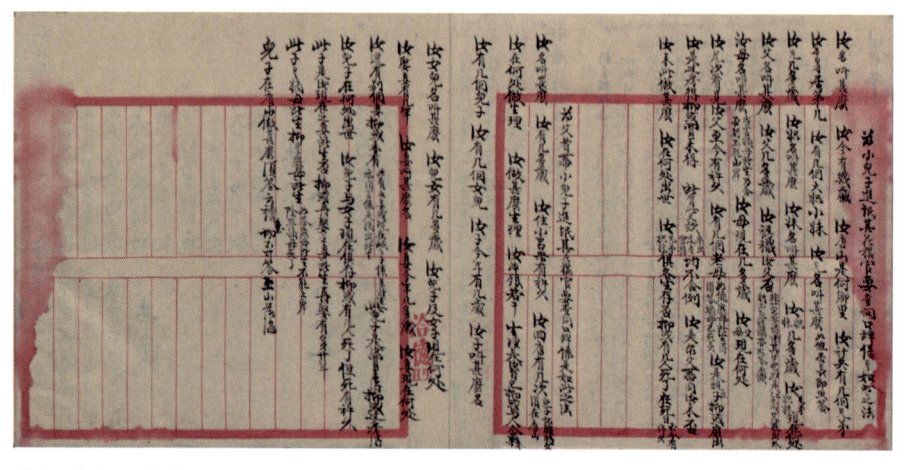

华侨为亲人准备"口供词"，以应对移民当局的问询。

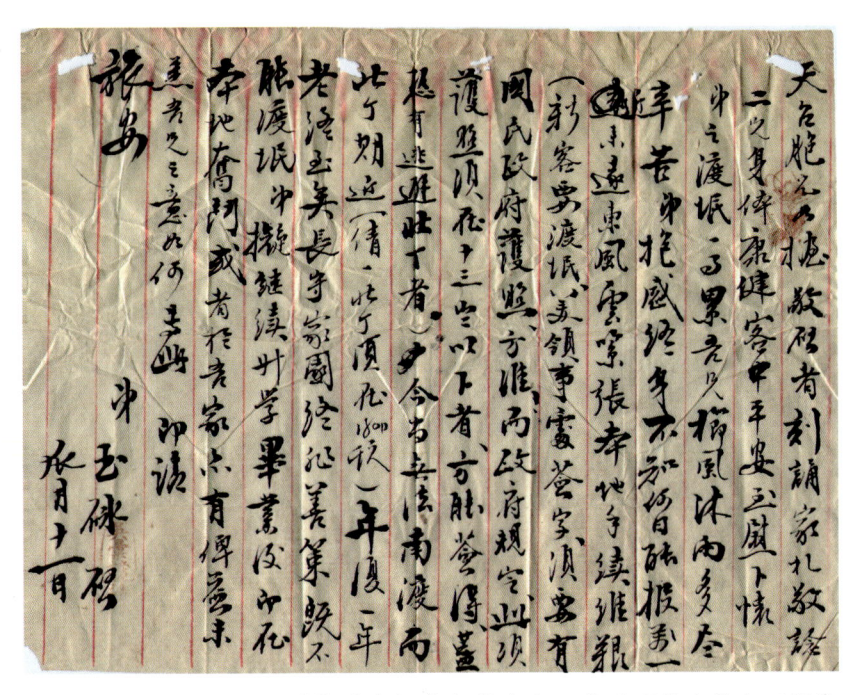

为防止逃避兵役，民国时期政府规定年龄在十三岁以下的人员方可颁发中国护照。该信就记载了此内容。

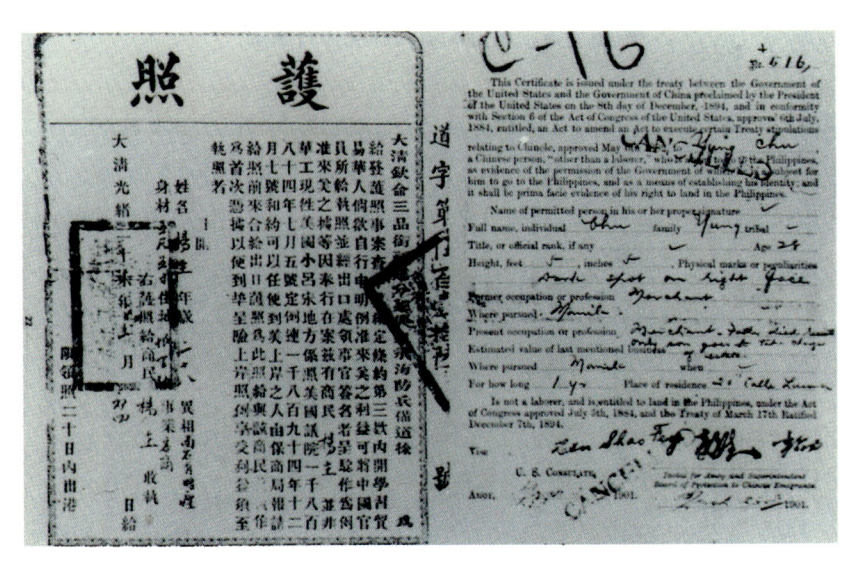

清末美国驻厦门领事馆签发的赴菲证件

民国初年菲律宾政府颁发给华侨丁文屋的入境证件

2. 异国打拼

早期过番谋生的移民主要依靠出卖廉价劳动力为生,采集橡胶、修路、垦荒、种植是最为常见的谋生手段。他们凭借吃苦耐劳、坚韧不拔的精神,经过艰苦打拼,创立了自己的产业,在侨居地落地生根,并为侨居地的经济社会发展作出了巨大贡献。

早期的华侨聚居村落

采集橡胶

种植

20世纪初新加坡闽籍华侨集中居住的福建街

补鞋

拉人力车

做裁缝

从事餐饮业

1881年马来亚槟榔屿华民护卫司年报记载了华工一般一年必须工作360天,每年工资为30美元至48美元不等,新客的工资还需先扣除船费等境遇。

新加坡华侨李光前等创办的南益树胶有限公司

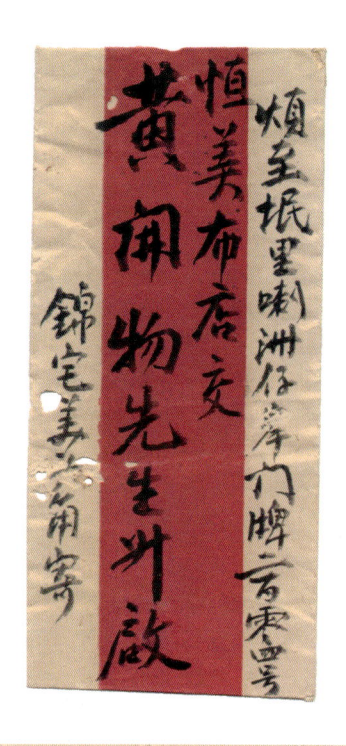

华侨黄开物与其兄弟在菲律宾马尼拉经营恒美布庄,图为有关恒美布庄的侨批封及来往账目。

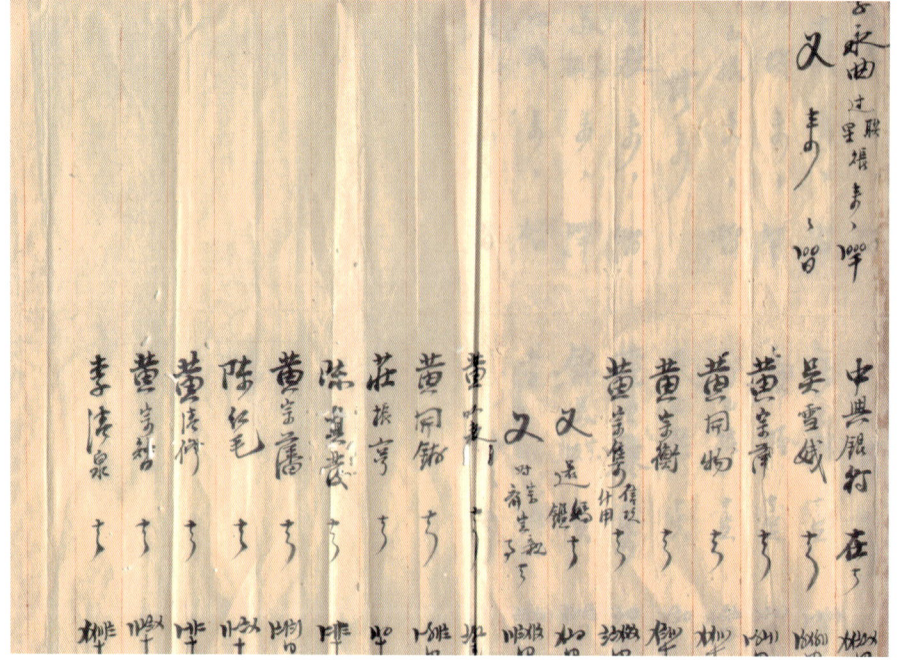

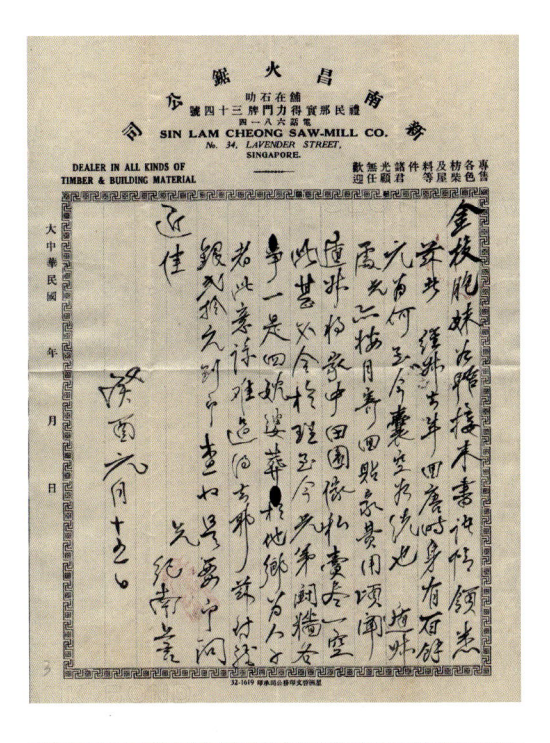

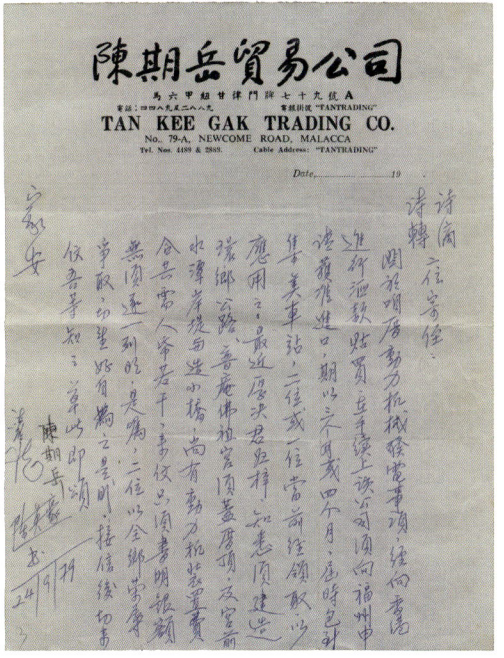

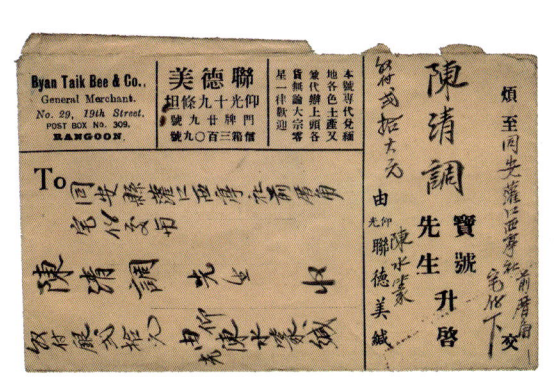

许多侨批都反映了华侨在海外创办企业及其经营的情况

3. 侨批产生

华侨在海外谋生，思念亲人，便寄信报平安或问候家人，并将积攒的钱款汇回家乡，于是产生了"信款合一"的特殊家书——侨批。

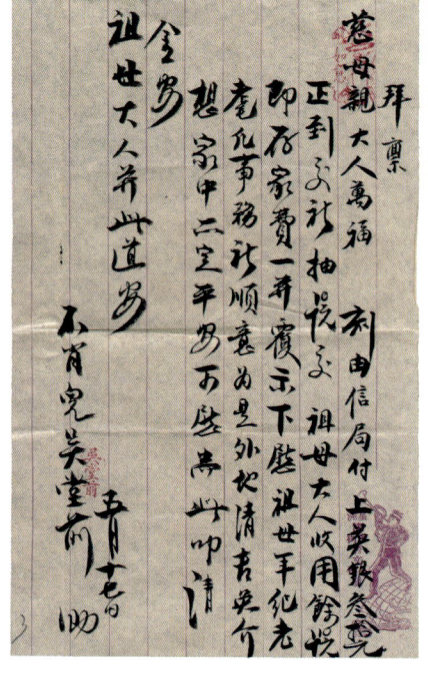

侨批包括批封、批笺，一般在批封正面写明收批人地址、姓名、款额和寄批人姓名，有的还特别写上所寄的物品名称，背面则盖水客或批局的印戳、帮号、宣传广告和"花码"字的图案。

侨批有来批、回批之分。来批为华侨寄给国内侨眷的批信，回批为侨眷收到来批后寄给华侨的回信。随着银行、邮政介入侨批业务，侨批除了传统的书信外，还有电汇单、汇票等形式。

来批

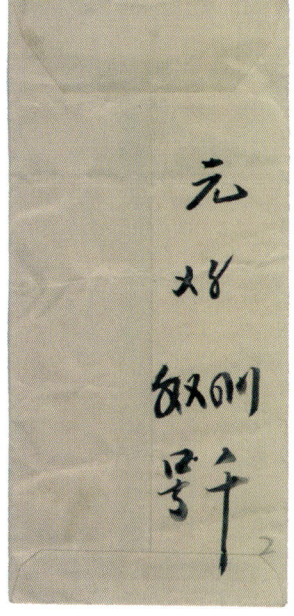

回批

电汇单

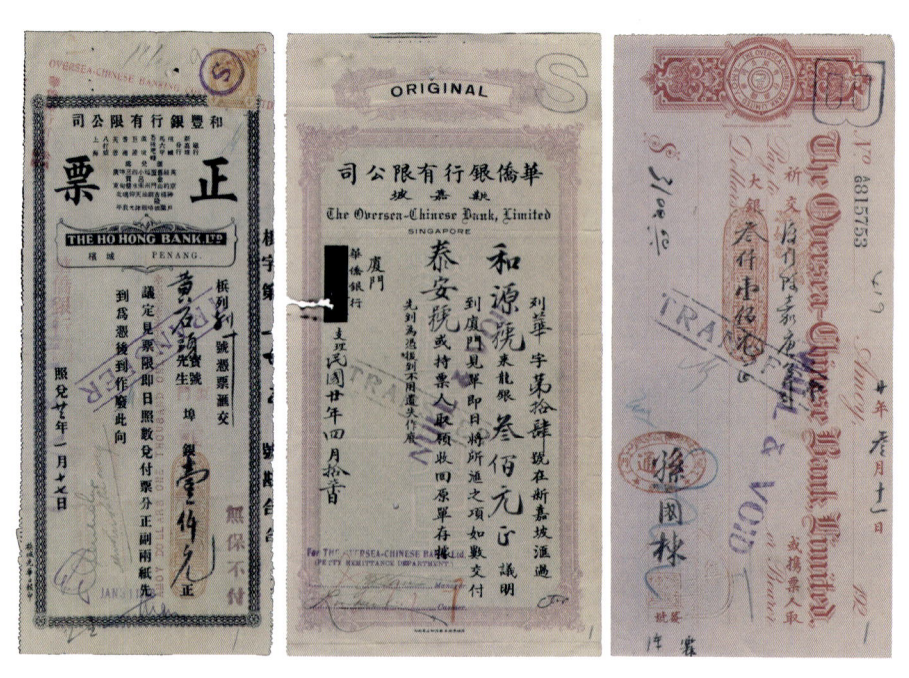

批局、银行汇票

16

不同历史时期的侨批

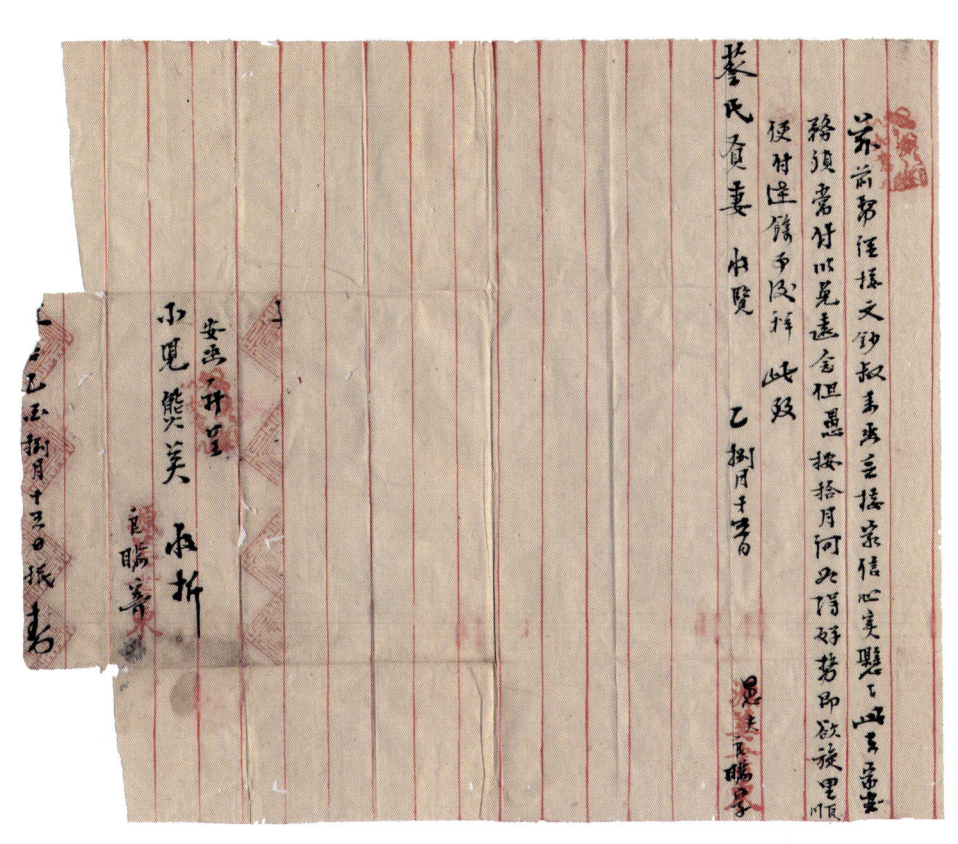

1885年菲律宾华侨寄回石狮的侨批,为目前发现较早的福建侨批。

何以侨批

清末侨批

民国初年的侨批

抗战时期的侨批（1932年，印有抗战标语）

20 世纪 20 年代的侨批（1927 年）

20 世纪 50 年代的侨批（1951 年）

20 世纪 40 年代的侨批（1948 年）

何以侨批

20 世纪 60 年代的侨批（1965 年）

20 世纪 70 年代的侨批（1971 年）

20世纪80年代的侨批（1987年）

20世纪90年代的侨批（1995年）

21

不同国家和地区汇寄的侨批

菲律宾侨批

马来亚侨批

新加坡侨批

印尼侨批

越南侨批

泰国侨批

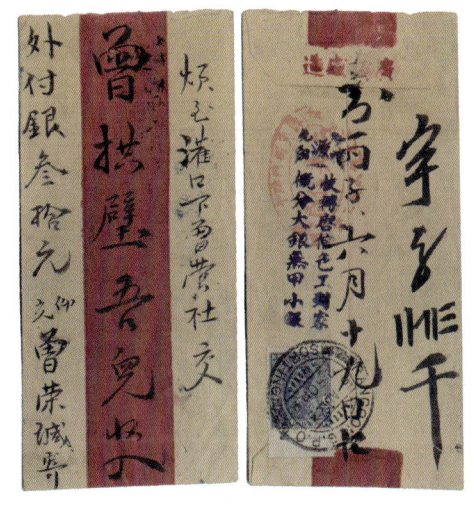

缅甸侨批

柬埔寨侨批

23

日本侨批

古巴侨批

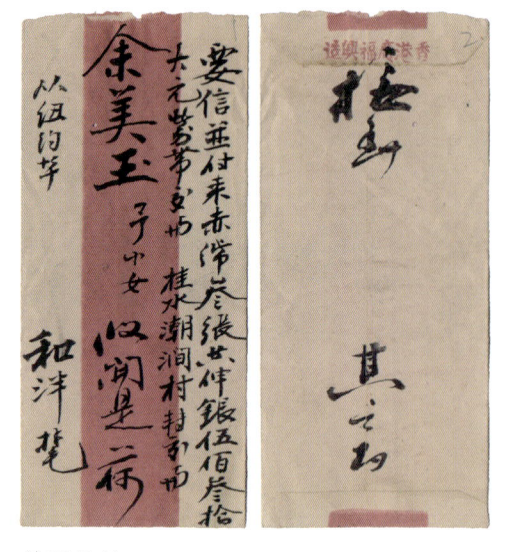

美国侨批

加拿大侨批

侨批汇寄的货币名称

龙银（清末时期最通用的货币）

英银（墨西哥银元）

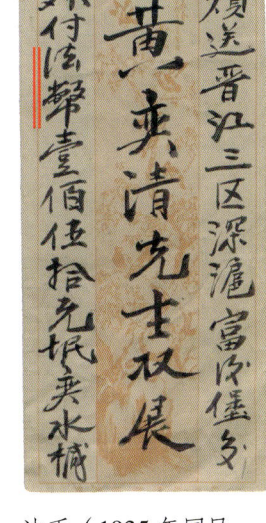

法币（1935年国民政府发行的货币）

佛银（西班牙银元）

美金

港币

何以侨批

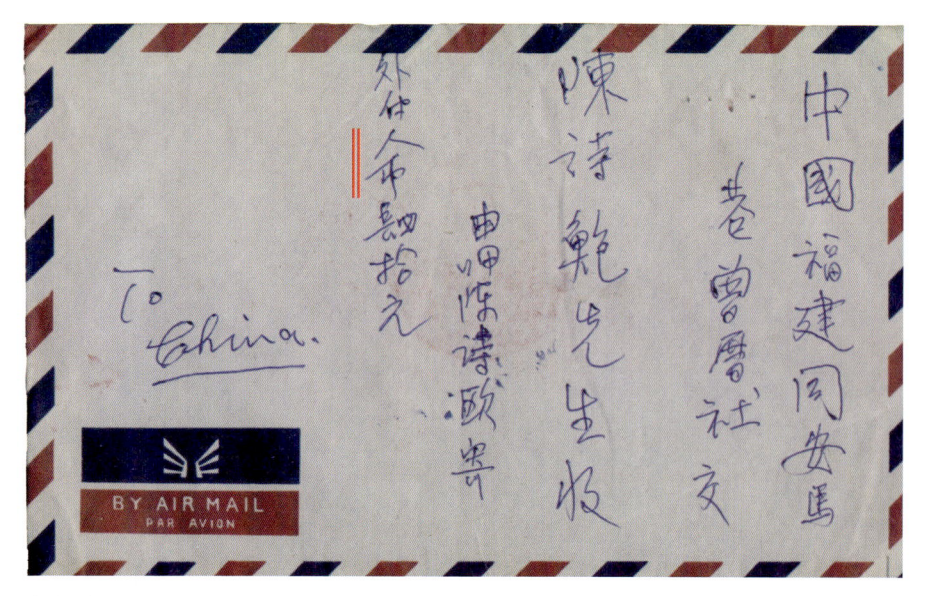

中國福建同安縣
巷曾厝社交
陳詩鈍先生收
曲甲陳詩澈寄
外付人民幣拾元

To China.

BY AIR MAIL
PAR AVION

人民币

信呈妊並收覽 賤身一向安食
品芷西鄉山娜到足見汝們有心念
不盡之交當鄉味傳陣感良深可
慰之物品用口能充而池怠繁之我
心無窟恋也 离家時三十載月思
歸目之不得見 可奈何 前顧後
有百懷自悔自愧自悲而已 我念
不料至此耳 窺友澗雲張史一家
居利定健况三 伽但在舻波兄三有
鐵則幸、宜馬 其家實莫治有
何難光四、天手、仍能及顧拥機
鄙若是峴鄉時 我不思另租一居
有志
奮佳一時再引切算議了
咴鳥商場近皆失敗無一人能站
得住 物價狂贵哥出垃少 真是
百思不到 二妇住在仿處极苦
目之貴後四个月十能損晚利
若盡青福矣 兩目能费先刖前達
沛方百岁 不則不堪設想矣 餘話
延寄 岩子营感 附来民任廊們
頃台伏十元特腈二娘收入此复美
祝近好
郴詩孔呦
143

荷兰盾

26

二 海上批路 汇通天下

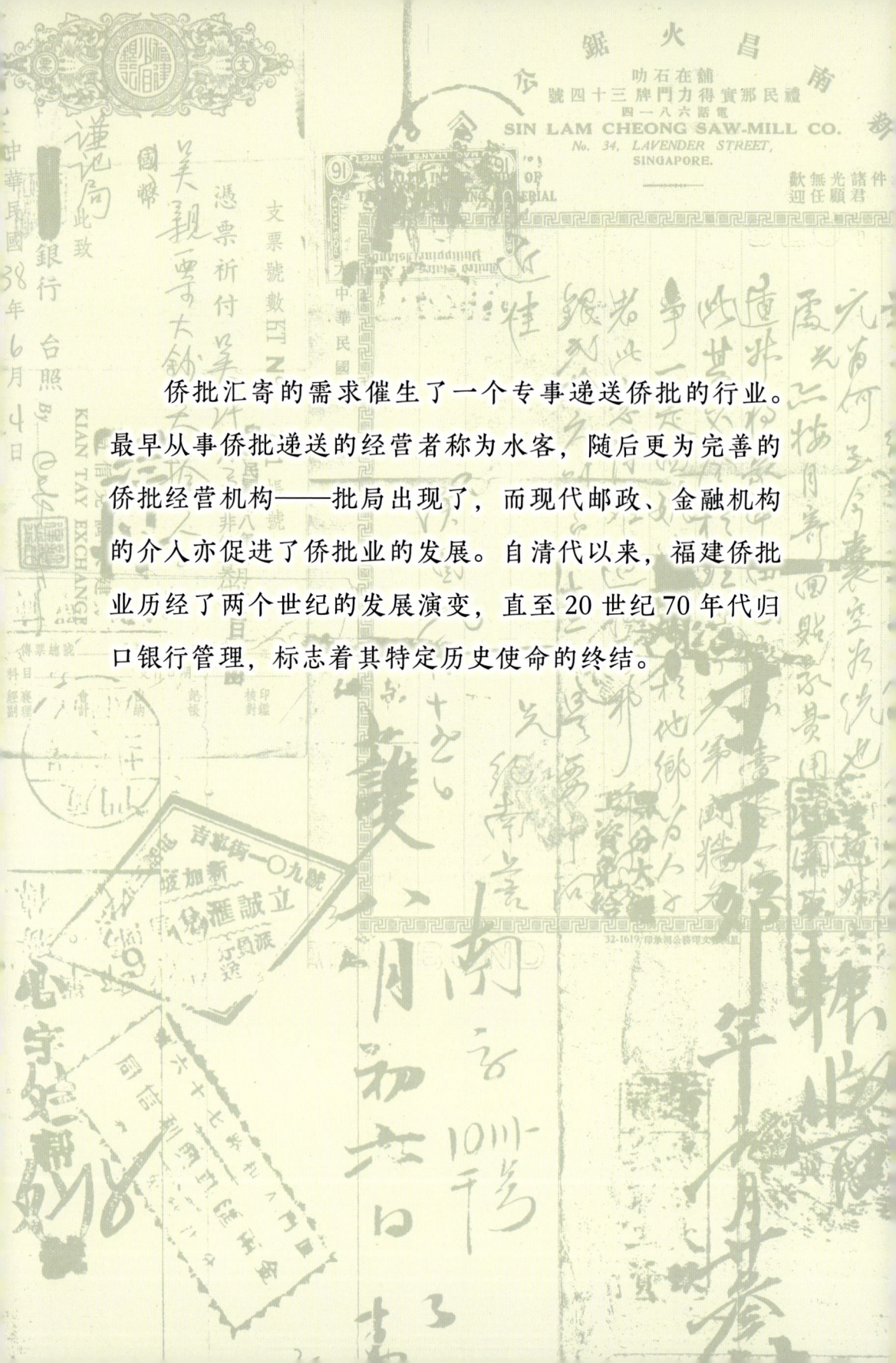

侨批汇寄的需求催生了一个专事递送侨批的行业。最早从事侨批递送的经营者称为水客,随后更为完善的侨批经营机构——批局出现了,而现代邮政、金融机构的介入亦促进了侨批业的发展。自清代以来,福建侨批业历经了两个世纪的发展演变,直至 20 世纪 70 年代归口银行管理,标志着其特定历史使命的终结。

1. 水客递送

水客是往来国内外从事贸易的商贩，他们四海为家，倚水而生，故名水客。早期的侨批由水客递送。19世纪起，水客业渐为兴盛。据载，20世纪初仅厦门地区的水客就有1200多人。水客依靠良好的个人信用和人脉关系以及熟悉侨居地和家乡两地环境的优势，一直坚持到20世纪50年代。

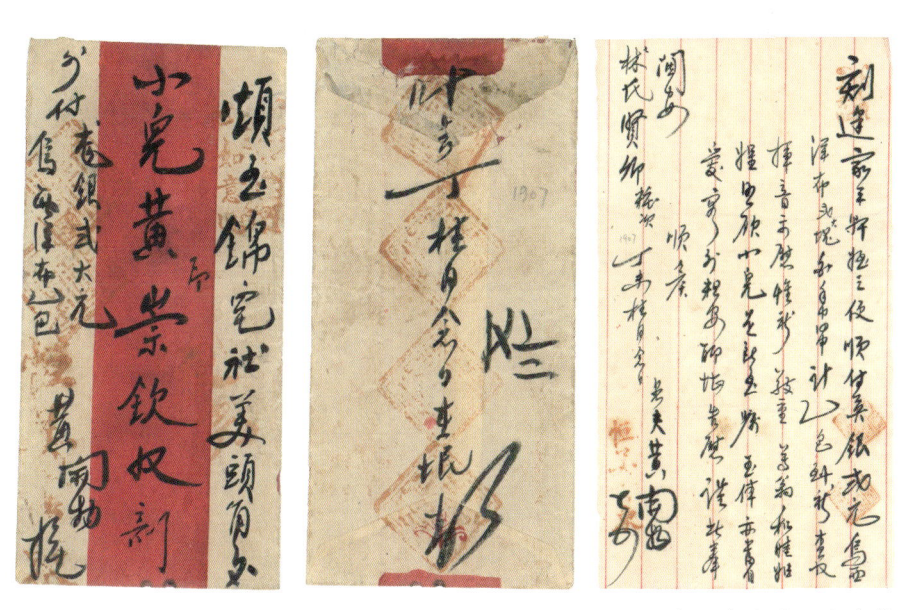

水客的活动，俗称走水，有大帮、小帮之分。大帮指端午节、中秋节、春节等传统节日华侨会多汇钱物给家人，水客在这些节日前夕带回的侨批和物品特别多，其他时间则为小帮，水客带回的侨批和物品较少。图为1907年由水客走小帮时带回的侨批。

29

何以侨批

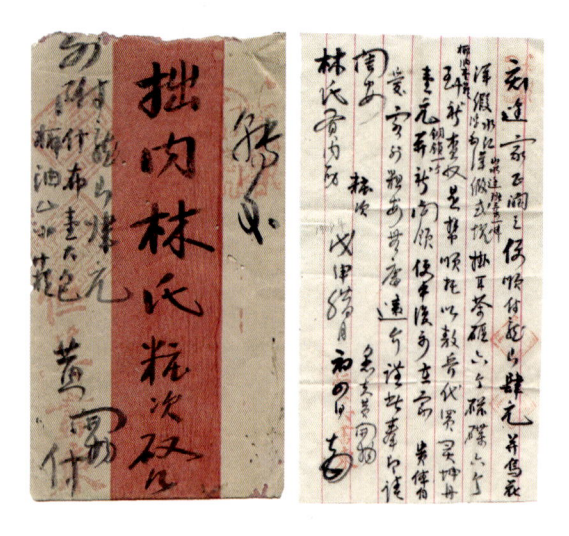

1908年腊月初四日的侨批，经由水客递送，批封正面注明寄批人、收批人、汇款数及椰油等物品，未注明收批人的详细地址，说明该水客熟悉寄批人和收批人。

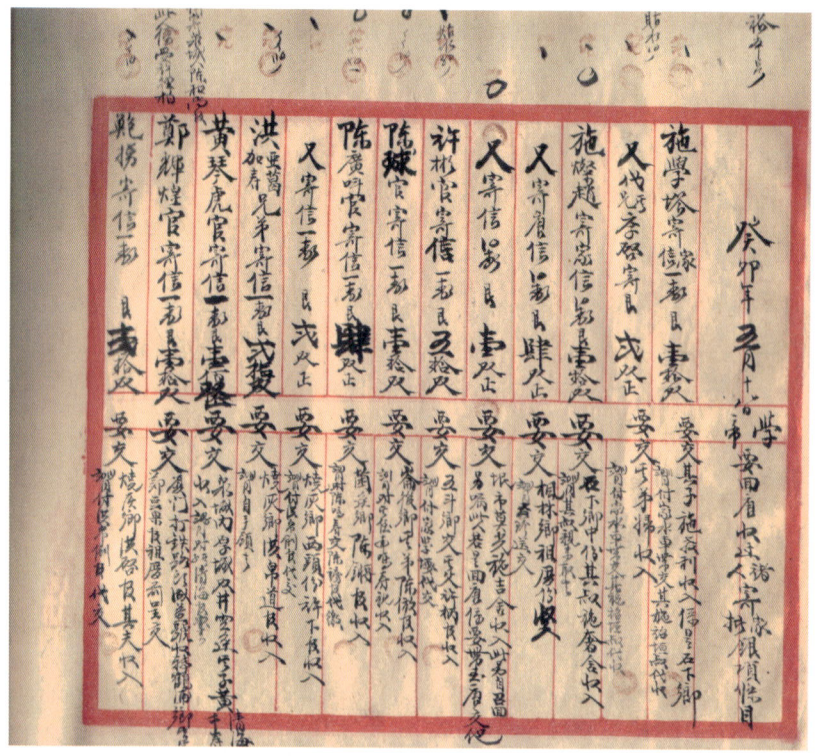

水客收寄侨批时，有的按寄款额的一定比例向寄款人收取手续费。此外，也有些水客免收手续费，只从汇价差额中谋利。图为1903年关于晋江水客施学帝的记录页，其中有汇寄侨批的华侨的姓名、款额、地址等。

30

中华人民共和国成立后，成立了水客公会，对水客进行登记管理。

20世纪50年代的水客申请登记表样式

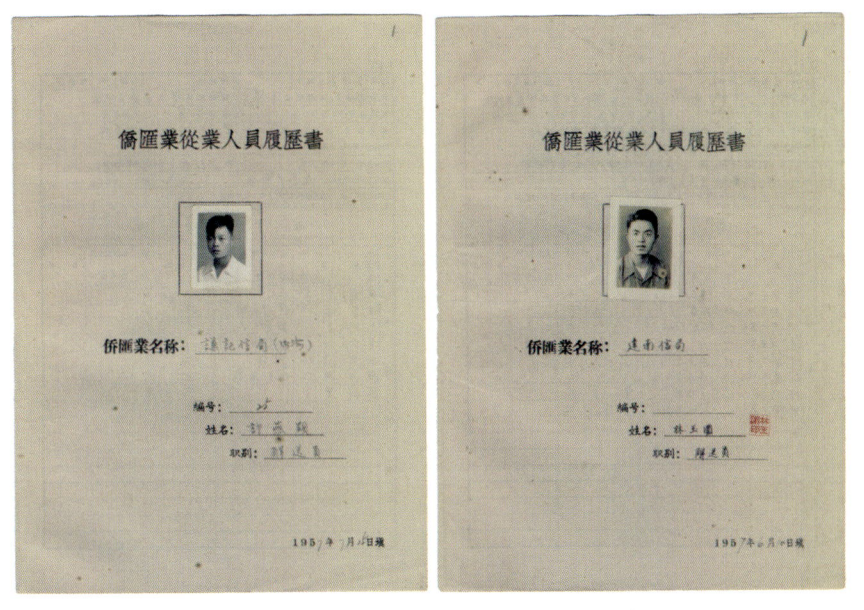

1957年侨汇业从业人员履历书

2. 批局经营

随着侨批业的发展，批局经营逐渐发展为国内外侨批业的主体，并逐渐形成了汇通海内外的侨批经营网络。

批局产生

1914年在福州注册的民信局一览表

批局即经营侨批业务的机构，有银信局、批馆、汇兑信局等十多种名称。批局产生主要有三种形式：一是由水客直接创办，二是由各业商人创办，三是由部分民信局兼营侨批或改营侨批业务而来。史料记载，早在清道光七年（1827）漳州地区就出现了批局。

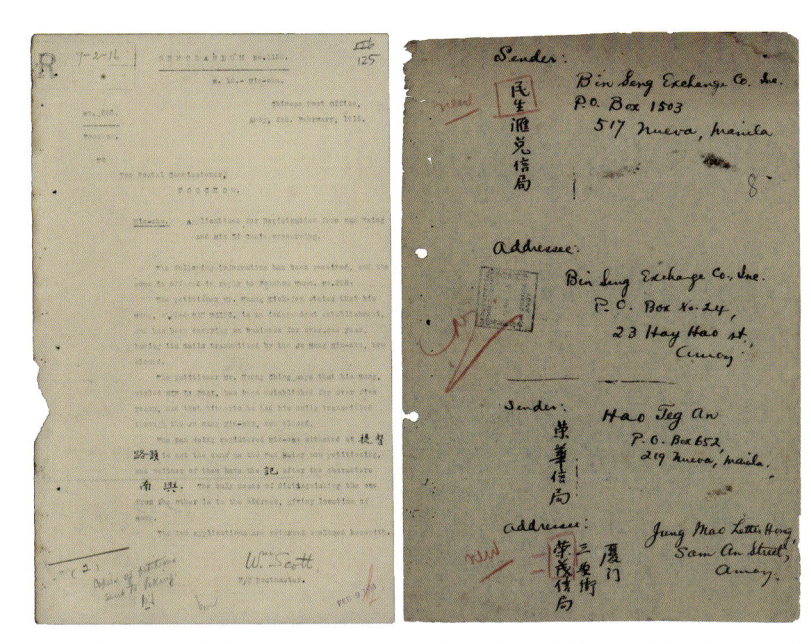

1916年厦门一等邮局关于南兴民局等申请注册情况给福建邮务管理局的备忘录

1851年泉州人王世碑涉足水客业，1898年他在泉州王宫乡创办王顺兴信局，后又在菲律宾马尼拉等地创办分支机构，经营长达84年之久。图为王顺兴信局旧址及王顺兴信局创始人王世碑。

何以侨批

侨通行是当时新加坡最活跃的批局之一，曾在泉州等地设置分行，图为侨通汇兑信局牌匾。

位于新加坡中街77号的成丰栈汇兑信局，创办人为闽籍华侨吴必昌。

批局分布

随着侨批业的发展，福建批局遍布省内沿海各地，并逐渐形成了以厦门、福州、涵江等口岸城镇为中心的闽南系、福州系、兴化系、闽西系等四大侨批地域体系。同时，海外的福建批局遍及新加坡、印尼、马来亚、菲律宾、泰国、越南、缅甸等国家和地区，形成了庞大的海内外侨批经营网络。

闽南系侨批派送范围遍及闽南地区的十几个县。其派送区域包括厦门、金门、同安、晋江、南安、永春、安溪、德化、惠安、龙溪、漳浦、华安、长泰、南靖、云霄、诏安、东山等地，其海外收汇地主要是菲律宾、马来亚、新加坡和印尼，部分来自缅甸、越南、泰国等地。

1925年菲律宾华侨林柜寄给同安婶亲徐氏的侨批

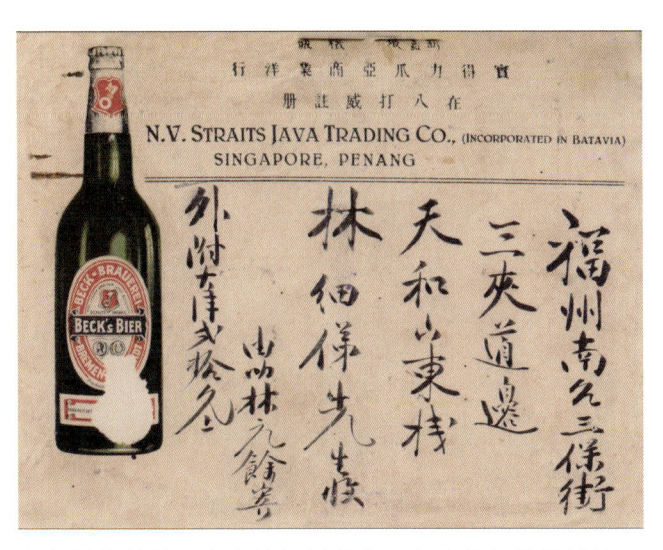

新加坡华侨林元余寄给福州南台三保街林细俤的侨批

福州系侨批派送区域包括福州、闽侯、长乐、福清、永泰、闽清、古田、三都澳等闽东地区及闽北的部分县，其海外收汇地主要是新加坡、马来亚、印尼及缅甸等地。

兴化系侨批承转局多开设在莆田涵江，派送范围为仙游、莆田及福清部分侨乡，其海内外收汇地主要是新加坡、马来亚、印尼等地。

1939年从印尼泗水寄往涵江宫口的侨批

闽西系侨批多由厦门或广东汕头承转，派送范围包括龙岩、永定、上杭、长汀等地，其海外收汇地主要是新加坡、马来亚和印尼。

1959年马来亚华侨丘常寄回上杭丘佩瑚的侨批

20世纪30年代厦门升平路,侨批局、银庄、银行等大多开设在这条街上。

位于厦门鹭江道的民生信局

新加坡是福建侨批的主要集散地。图为新加坡的直落亚逸街,昔日新加坡福建批局多集中于此。

位于新加坡大马路273号的杨人月金铺汇庄，创办人为闽籍华侨杨人月。图为杨人月金铺汇庄广告及汇票。

1933年菲律宾华侨寄晋江的侨批封，背面印有和盛信局在海内外分支机构的分布情况。

1949年福州市侨汇业登记概况表

信通汇兑庄位于新加坡源顺街23号,创办人为闽籍华侨张庆析。图为其信通分局招牌。

批局运营

批局设有连接海内外的运营机构，批局业务流程分信款收集、头寸调拨、承转、派送解付四个环节。一般在移居地设立收集信款和分发回批的海外批局总局及其分支机构；在厦门等国内主要口岸设立头盘局（海外批局总局的直属分局或联号）和二盘局（代理海外批局业务并收取批佣）负责批款的转承；在侨乡各地设立三盘局（又称解付局），为头盘局、二盘局分发批款，收取回批，并将回批转给二盘局、头盘局集中后寄回海外。

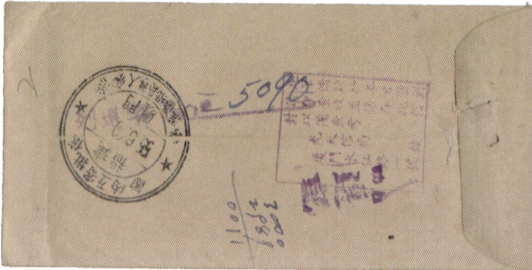

印制在批封上的不同时期不同批局的印鉴，真实反映了一封封侨批的流转过程。

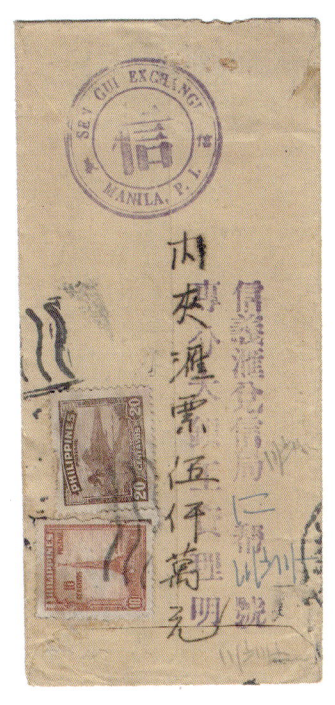

中华传统之"信""义"既是华商立身之本、经商之道、成功之源，也是侨批业界的经营理念。图为盖有"信""义"章的侨批封。

华侨寄书信回家时，如果不识字，可找写信人代写。有些信局也会提供类似的免费服务。

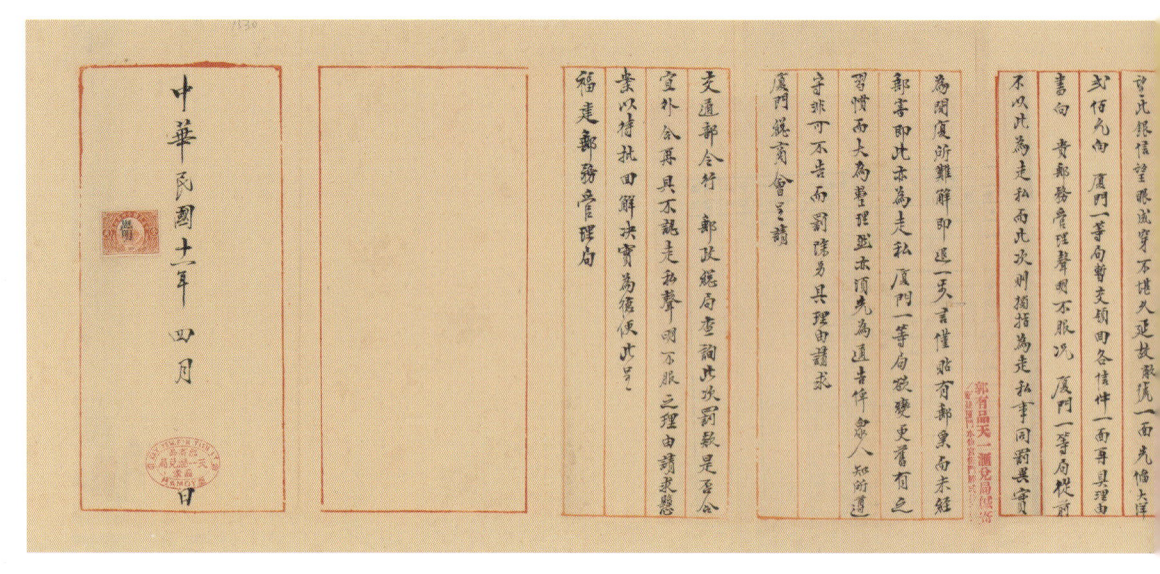

1927年厦门郭有品天一汇兑局关于信件未经马尼拉邮寄被拿获事宜给福建邮务管理局的理由书

早期汇兑款项以手书记录，图为清光绪壬寅年长裕号账簿清册。

理由書

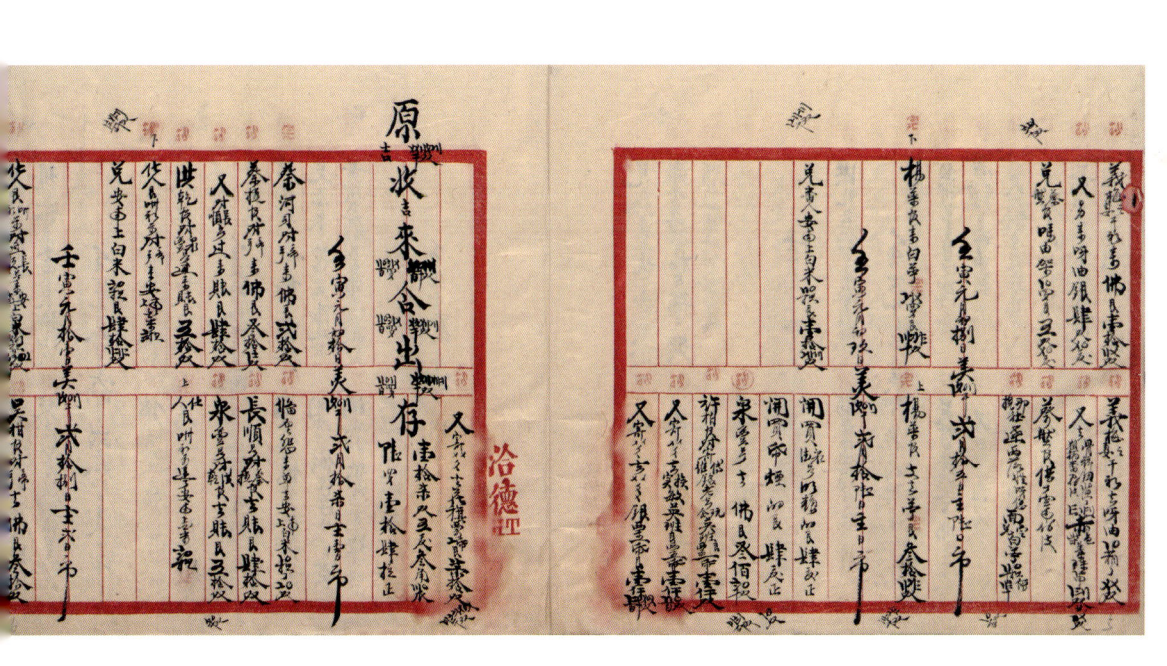

竊理由書廈門郵政局天一匯兌局為號蒙共設四月甲寅接
與貴論走私聲明不涉情案蒙承告部令批即奉局處
三月廿五日准四月為編郵公共信函內之兩件三封就廈門
一等局知留經具理由書面貴郵路管理局聲請辯
訴發送詎接四月六日二十三號批即閱書處嘉臺令敷
信據天堂廈門一等局里擔任有㧾里刺郵負案為來被
即刺郵等情换光頗恨是私郵件當該係私等
信件塞致委護剖辦推黃此次私寄信件侵損金護
廣另處重種罰夫洋成伍佰元咸保敢兢不勝服凜
照辦理林合忖批示仰卽知照敢究查實由臺本
一旦就帶䈇獲座㧾里刺所拍之信共二十一對光
經交有批里刺郵寄一十八對並徹諸此委封日
者一等局取公至印鞋交義號何得指為走私光不服
四緞金以此指為走私嗣属係問之中若照擊由廈
門一等局取出至印鞋交義號何得指為走私不服
查嚴端到處時差蒙恨之人禮旬向公共信函內取出帶
五凡別張里刺郵訊已閱無寄不及而招乞將開裝俏例
䈇費此三封兩件交由四山馬編鈒白之公共信函讓送
若諝蒙恨怪有意是私粉不䓁二十一對一概硬走面拍
走光三對是帶廈門內有支失二十八對之面件可以

兼营侨批的商号

在侨批业发展的黄金时期，金铺、商铺、客栈等商号见侨批业利润丰厚，纷纷投入侨批经营大潮，兼营侨批业务。

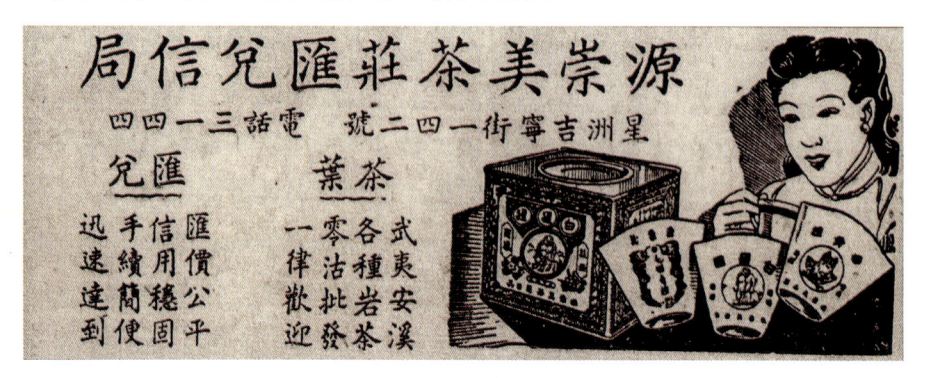

新加坡源崇美茶庄兼营侨批

漳州龙海石码裕馆银庄兼营侨批

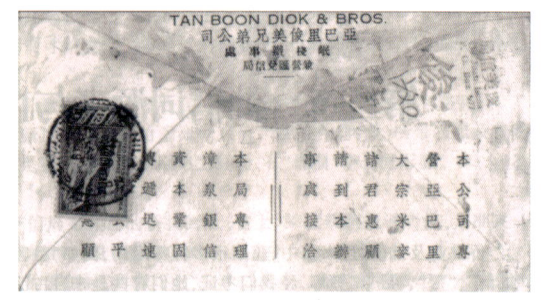

泰国周德春茶行兼营侨批

菲律宾亚巴里俊美兄弟公司兼营侨批

新加坡中药店余仁生设立汇兑部，兼营侨批。

新加坡恒升老金铺兼营侨批

侨批业同业公会

随着侨批业的兴盛，在侨乡和侨居地相继出现了批局同业公会，它们在加强侨批业界与政府机构的沟通联系，规范经营活动，维护同业的合法权益等方面发挥了积极作用。

1933年厦门华侨银信业同业公会关于美南、捷顺、安顺记等信局的国际邮资费等问题写给厦门思明一等邮局的函。

1946年新加坡中华汇业总会成立典礼及章程

1947年新加坡汇业联谊社全体人员合影及第一届职员录

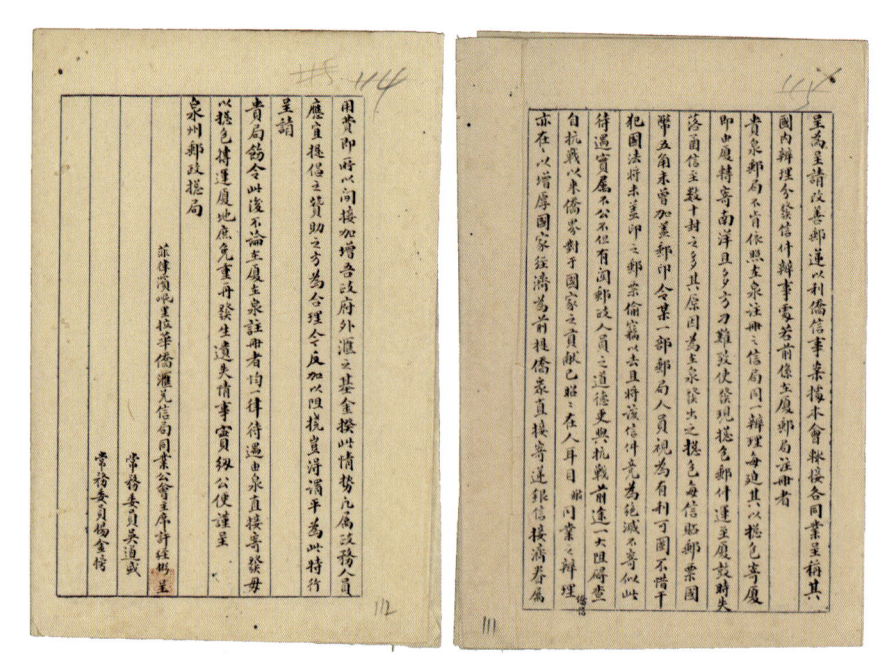

1938年菲律宾岷里拉（今马尼拉）华侨汇兑信局同业公会关于改善邮递以利侨信事给泉州邮政总局的函

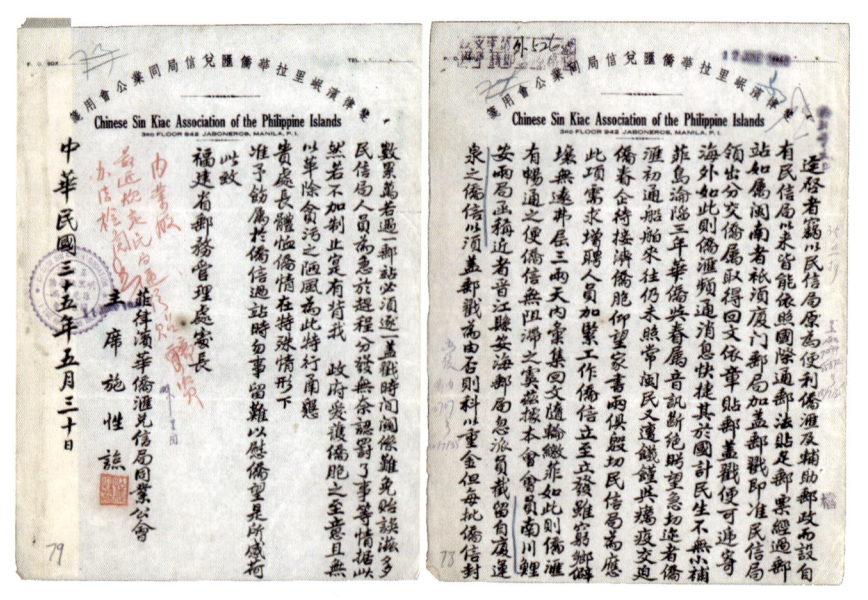

1946年菲律宾岷里拉华侨汇兑信局同业公会关于国际邮资问题给福建省邮务管理局的函

3. 银行经营

20世纪初，海内外银行业开始介入侨批业务，它们既与批局开展合作，为批局调拨头寸，也设立批信部门直接开展侨批业务。

中国银行经营侨批

1928年，中国银行成为"特许国际汇兑银行"之后，开始经营海外华人汇款业务。

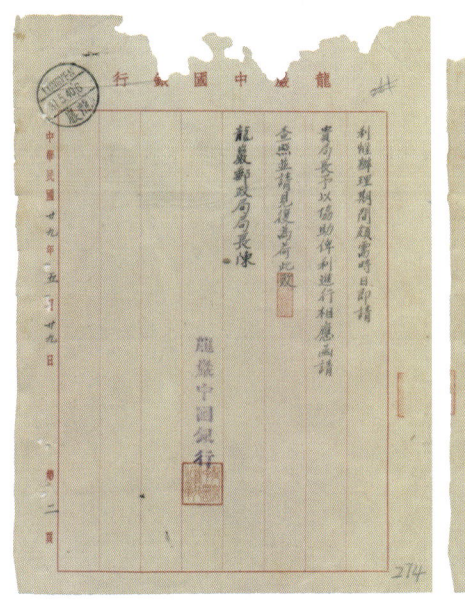

1940年龙岩中国银行关于合昌民信局办理侨批汇款事宜的函

1941年由印度尼西亚垄川寄往漳州的侨批，批封背面盖有"中国银行汇兑特约代理处/三宝垄黄五福源盛汇兑部"红色章。

福建省银行经营侨批

1927年，福建省银行在香港设立办事处，办理侨汇汇兑，1941年委托菲律宾箴记行代收侨汇，经营侨批业务。

1948年由菲律宾马尼拉寄往泉州晋江的侨批封，由菲律宾兴华信局转驳。批封背面印有兴华信局在国内代理机构，其中就有位于泉州和安海的福建省银行。

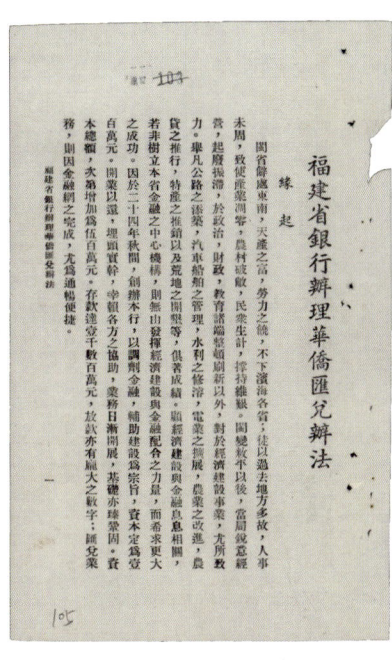

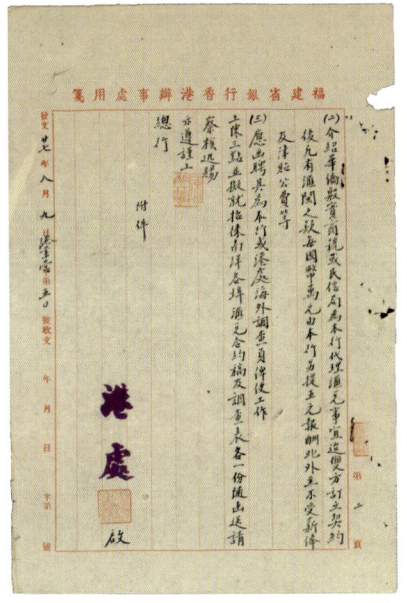

1938年福建省银行办理华侨汇兑办法和福建省银行香港办事处与闽侨同乡委员兼福建旅运社驻港主任陈添爽关于订立招徕南洋各埠汇兑合约

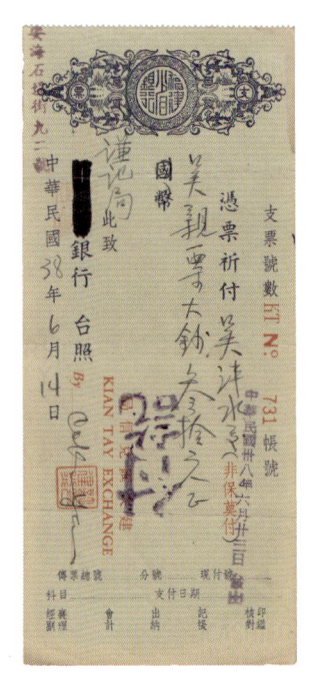

1949年福建省银行与谦记信局开展业务合作的支票

华侨银行经营侨批

华侨银行于1932年设立民信部经营侨批，并与中国交通部邮政储金汇业局、民信局等开展侨批运营合作。20世纪上半叶，华侨银行先后在新加坡、马来亚槟城、泰国曼谷、缅甸仰光、香港、上海、厦门、汕头等城市设立分行，形成经营网络。

1932年华侨银行有限公司增设民信部的启事，其通汇范围遍及福建、广东、广西诸省。

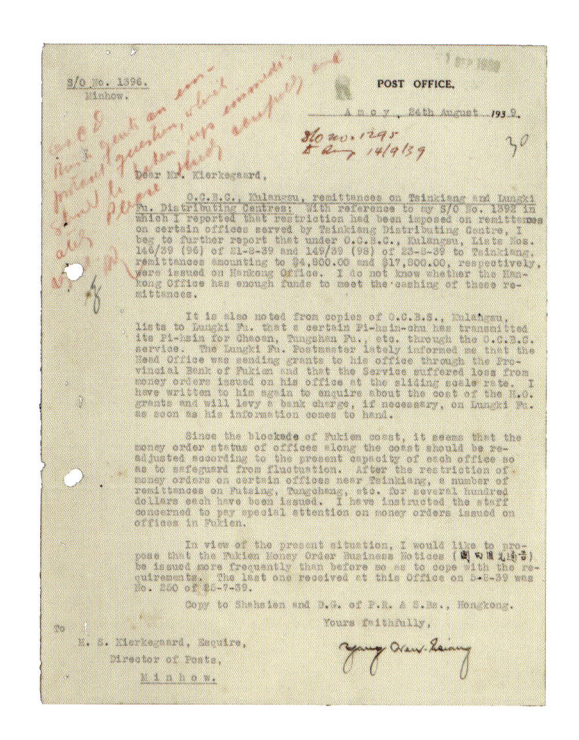

1939年鼓浪屿华侨银行写给福建邮务管理局的信函，信中谈及该行国内汇兑等业务情况。

1961年华侨银行民信部办理侨批业务的凭证

何以侨批

1935年由新加坡华侨银行有限公司汇往华侨银行厦门分行的汇票，收款人为捷发汇兑信局。

1940年由越南东京（今河内）寄往厦门同安马巷的侨批。批封背面盖有海防华侨银行的椭圆业务章，是华侨银行在越南直接经营侨批的例证。

4. 政府管理

　　随着侨批业的快速发展,政府一方面加强了对侨批业的监管,另一方面运用现代邮政为侨批业服务。中华人民共和国成立后,中央和福建省政府制定了一系列措施,鼓励侨批业扩大收汇业务。20世纪70年代,侨批业务归口中国银行专门办理。至此,民营侨批业逐渐退出历史舞台。

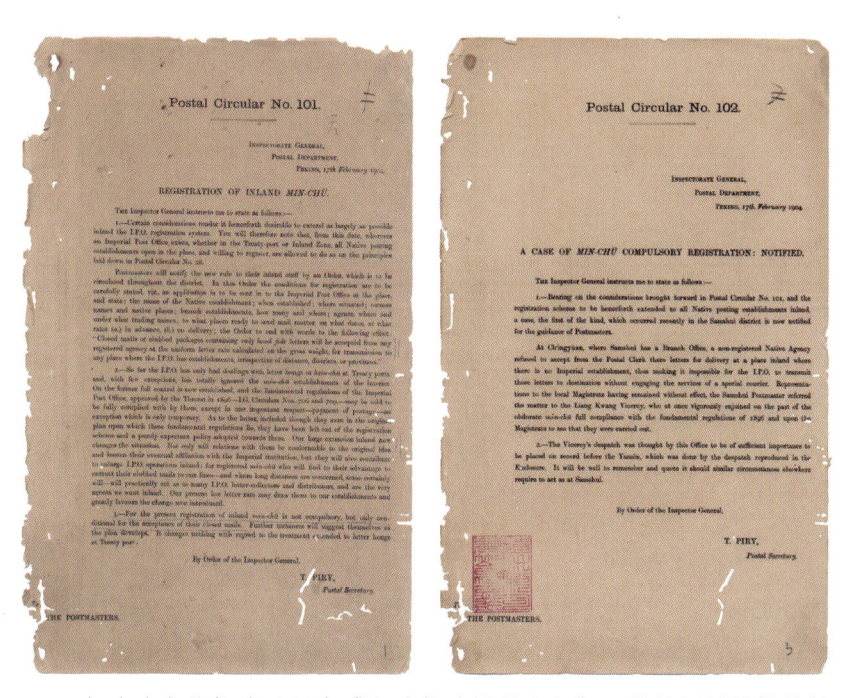

1899年清政府总邮政司颁布《大清邮政民局章程》,将民间侨批机构纳入管理范畴。图为1904年大清邮政总署关于国内民局登记的邮政通令。

具理由书厦门安溪帮安和公司为沉吸鸦片阻碍旅行恳
恩派调查提验烟瘾改换妥办以便详旅事窃和公司为保
护洋客行旅公益起见缘因侨旅董蓁者新情由安溪彭墟乡
政分支代理人柯曾德不能勤慎公务抑且父子兄弟同染鸦
片烟瘾每日沉吸鸦片不曾来住此件有无急要几欺督
邮票刁难守候听伊吸鸦片烟过瘾方肯接应阻得旅行
惨莫可言其安番所有家函回覆均是转寄南洋者多各
乡各家乃俟水客收发而水客沿途收有数函件至厦有邮
局分支买贴邮票盖号邮县来厦送交总局寄轮盖自
彭墟邮局起入同安县界顺途尚有县城官桥榉头龙门
四处邮局曾曾截验非敢私漏特不思水客所带函件帮
帮急欲赴轮何堪延滞既不利方便难怪向别处
邮局买邮票贴盖德反先截搜水客任由诈索罚欵又有乡
家无知妇孺携有函寄路被德等供嚇索取罚项非止一人
近日溪尾刘姓寄由新泉源转寄兴顺号函内附金
戒指两个德等匿不肯还似此不顾名誉致有不服之声言

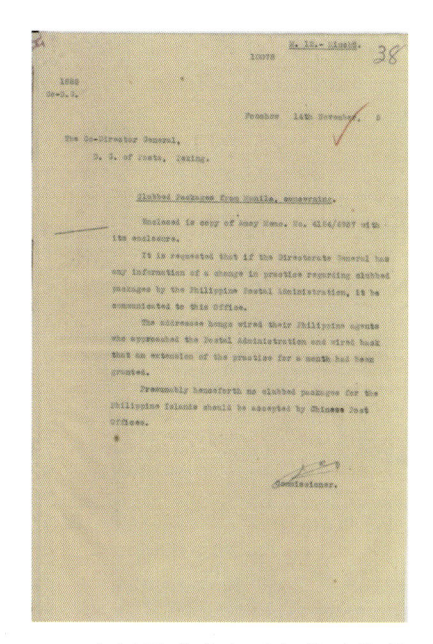

1925年国民政府交通部邮政总局关于不赞同菲律宾邮政局有关取消批信包封制度给福建邮务管理局的指令

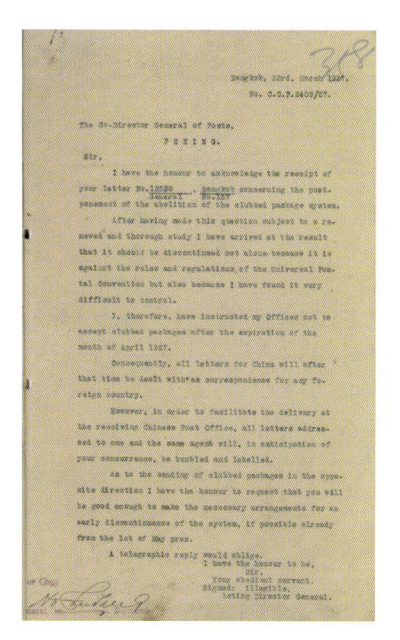

1927年暹罗（今泰国）邮政局关于取消批信包封制度等事宜给中国邮政总局的函

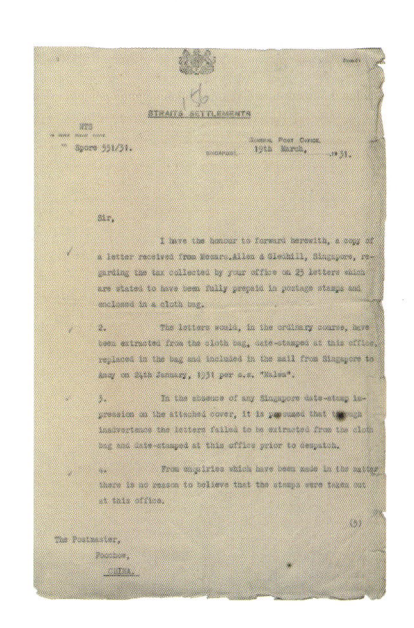

1931年新加坡邮政局关于新加坡寄至厦门信函预付邮政问题给福建邮务管理局的函

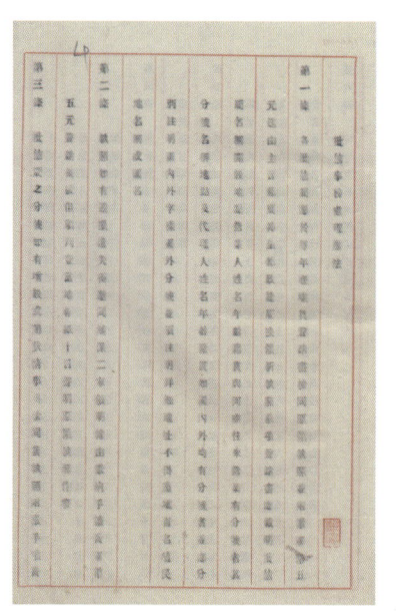

1935年国民政府交通部邮政总局颁布《批信事务处理办法》，规定批信局从事的具体业务。

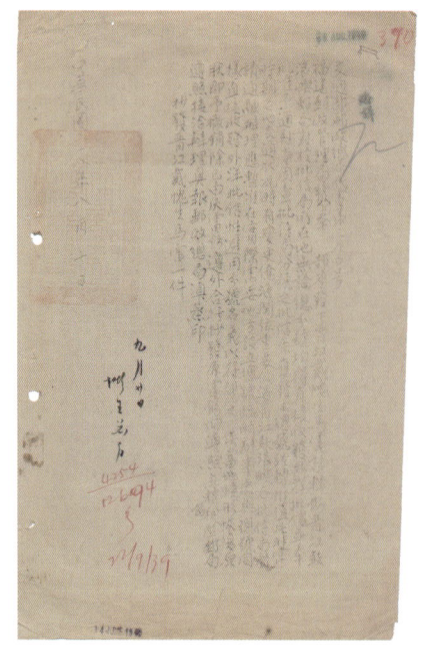

抗战期间，为争取侨汇，1939年国民政府交通部邮政总局暂准批信局分号可直接与外洋收发批信，以促进侨汇业在特殊时期的发展。

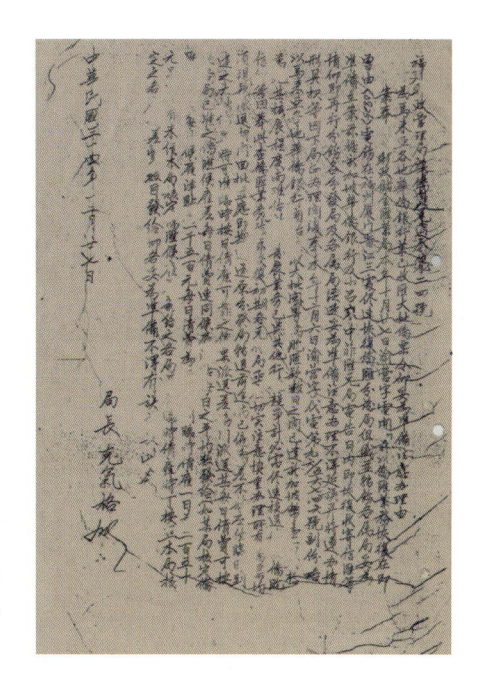

抗战胜利后，侨款激增，1945年福建邮政管理局通令所属各局迅速做好收兑侨批的准备。

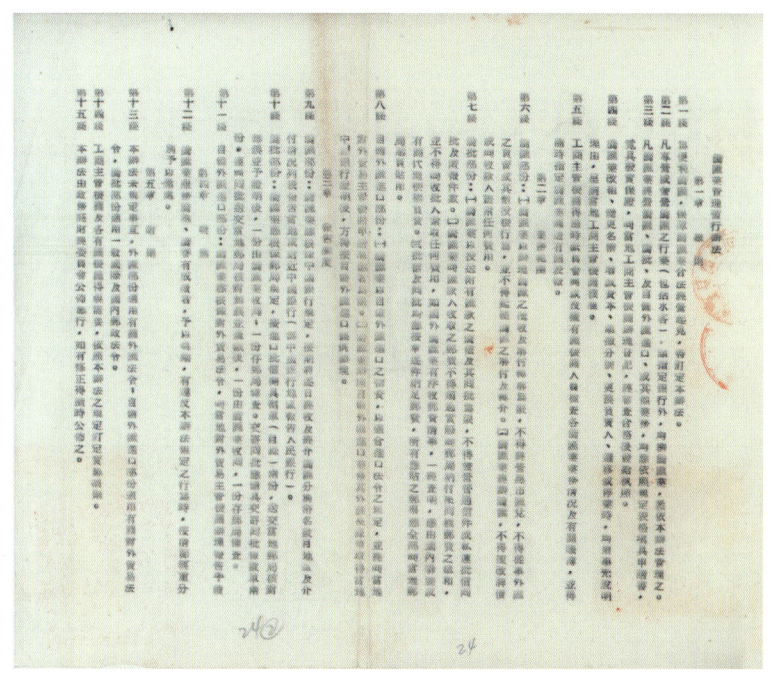

1951年福建省政府颁布《福建省管理侨汇业暂行办法》

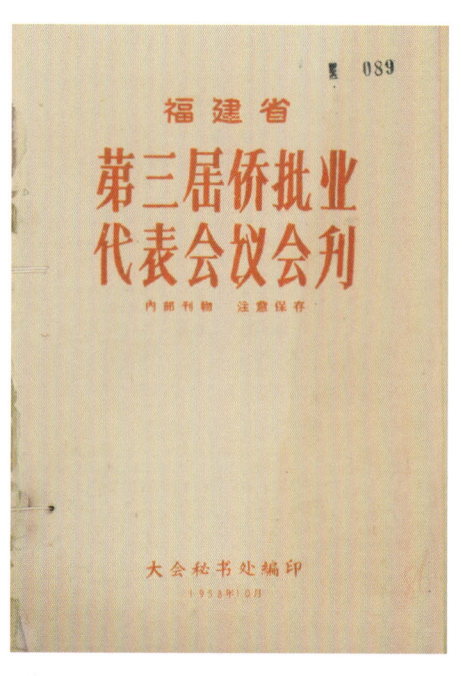

1952年至1964年，福建省先后召开了四次侨批业工作会议，表彰先进工作者，听取侨批业界的意见。左图为1952年福建省第一届侨汇业代表座谈会部分代表的合影，右图为1958年福建省第三届侨批业代表会议会刊。

1962年至1964年，每年都有优秀侨批工作者代表进京参加国庆观礼活动，体现了国家对侨批业的重视和对侨批工作的关怀。图为福建省侨批业代表赴京参加1963年国庆观礼活动。

三家书万金　情系桑梓

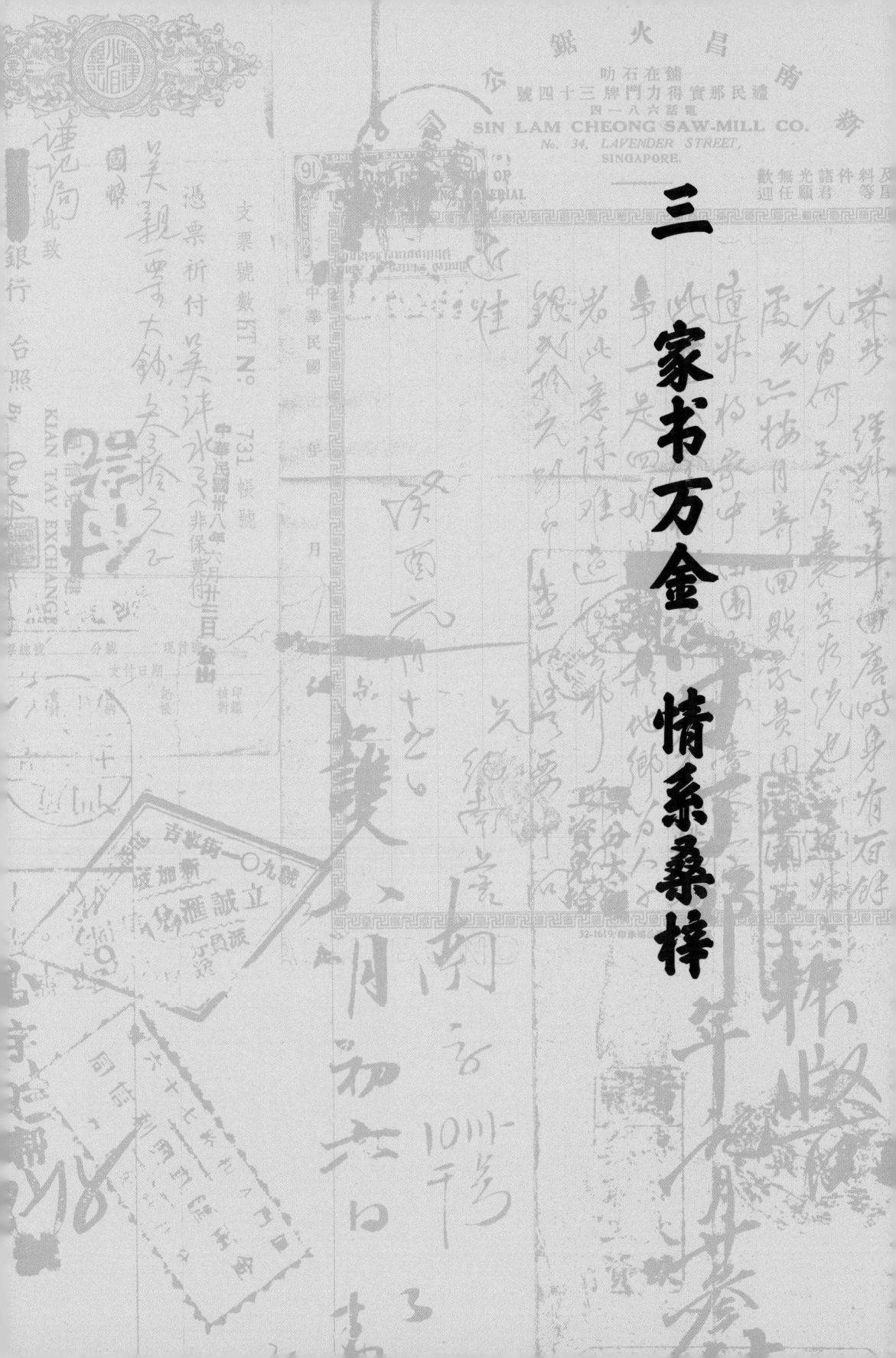

侨批是维系海外华侨华人与家乡的经济与精神纽带，对侨眷的生活和侨乡的建设发挥了重要的作用，彰显了海外华侨华人与祖国同呼吸共命运的赤子情怀和爱国爱乡、海纳百川、乐善好施、敢拼会赢的精神风貌。

1. 顾家赡养

海外华侨身在异国，心系故乡，稍有积蓄便寄钱回家，赡养父母、妻儿，甚至仅一元钱也要掰成两半花，一半生活，一半养家。一封封侨批内容虽为家庭琐事，却充满了浓浓的思亲孝悌之情，随之而至的侨汇更是维持和改善家庭生活的重要保障。

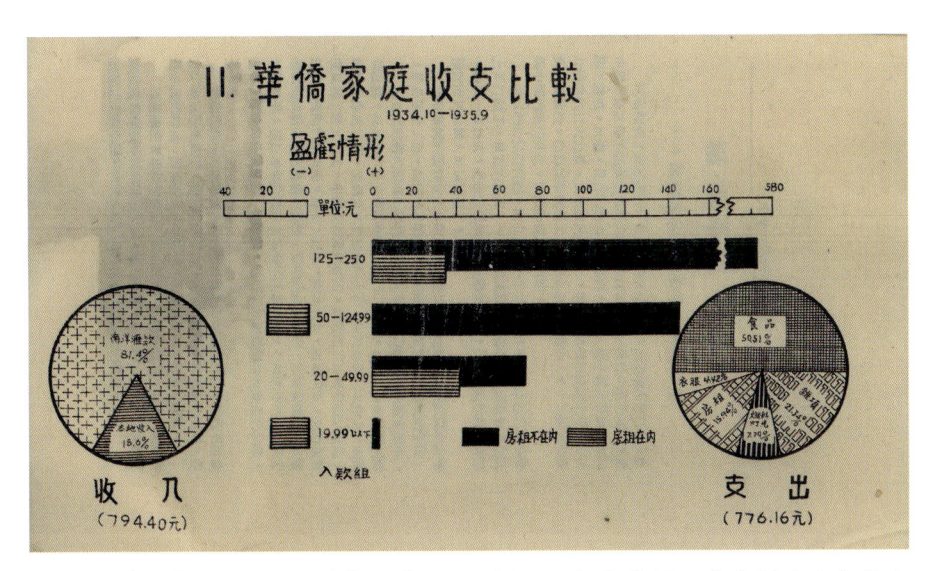

根据郑林宽《福建华侨汇款》记载，20世纪30年代华侨汇款占福建省华侨家庭收入的80%以上，这意味着侨汇几乎成为他们维持生活的唯一来源。

何以侨批

民国时期厦门地区华侨家庭合影。当年像这种"男人出洋，妇女在家"的华侨家庭甚为普遍。

菲律宾华侨颜文初家庭合影

一张长五寸、宽三寸的信笺融入了华侨对亲人的深深思念和关怀。图为1921年马来亚华侨谢再考寄给母亲的侨批，信中提及生意难做，知道母亲染红疾，心酸不能服侍，寄银并嘱分发给4位叔叔，思亲之情跃然纸上。

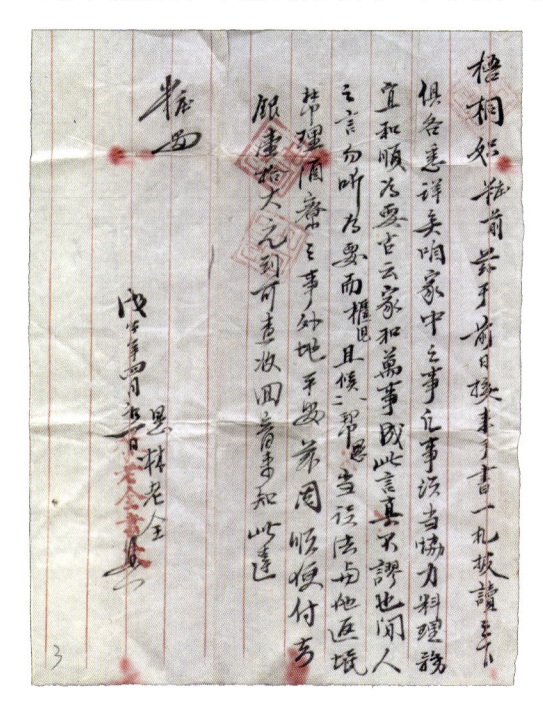

1928年菲律宾华侨林老全寄给同安美人山前林梧桐的侨批，信中告诫家人要正确处理家庭关系，家和才能万事成。

1929年菲律宾华侨蔡善本寄给泉晋南门外妻子王氏的侨批，信中谈到寄回的钱款用于归还欠款，余下的充作家用。

1934年印尼华侨郭溪泉寄给泉州浮宫城内社妻子何氏的侨批，信中告诉妻子，家中小孩要及早入校读书，否则会变成无用之人。

华侨不仅汇回钱款，还寄回海外物品。图为 1935 年印尼华侨琦瑛寄给福州南台邱信亮的侨批，信中谈到他托人携带牛肉爬、燕窝和虾饼给家人。

1939 年越南华侨洪宗样寄给姑婆的侨批，信中提到由于战乱，生意十分困苦，同时给家人寄回国币 4 元。

何以侨批

1951年至1952年，缅甸华侨王华水寄给母亲、姐夫和侄子的侨批，信中提及汇款回家建筑房屋，并详述了房屋的设计、结构和备料等内容。

2. 慈善公益

　　海外华侨华人热心家乡慈善公益事业，其中尤以捐资办学最为突出，据相关史料统计，1915年至1949年全省华侨捐资兴办的中学有48所，小学967所；1949年至1966年华侨捐资办学达5494.34万元人民币。此外，在造桥铺路、赈灾、医疗等方面也作出了巨大的贡献。

20世纪20年代末厦门大学校舍全景

何以侨批

爱国侨领陈嘉庚先生先后创办了集美学村和厦门大学等教育机构

集美中学

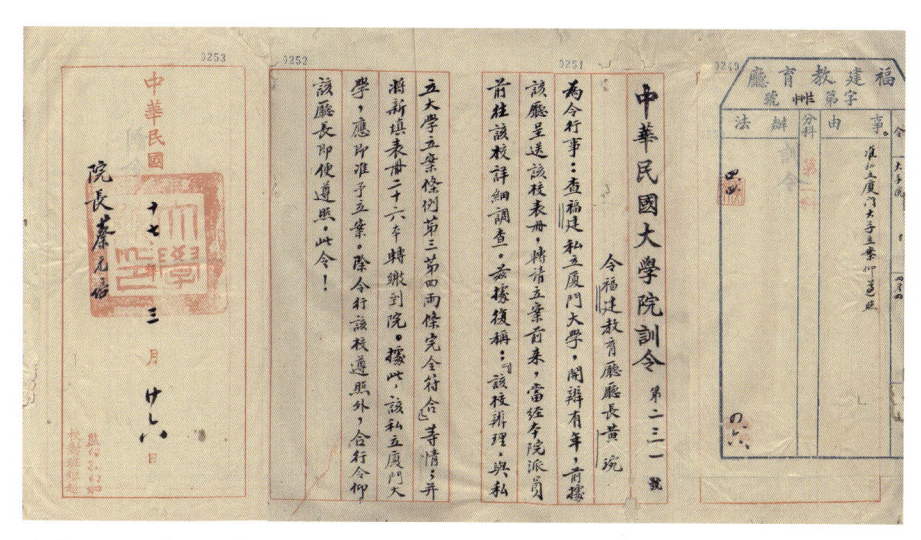

中华民国大学院批准厦门大学立案的训令

20世纪30年代爱国侨领胡文虎在福建捐建百所小学校舍

胡文虎捐建的各县市区校舍名册

何以侨批

永定中川小学

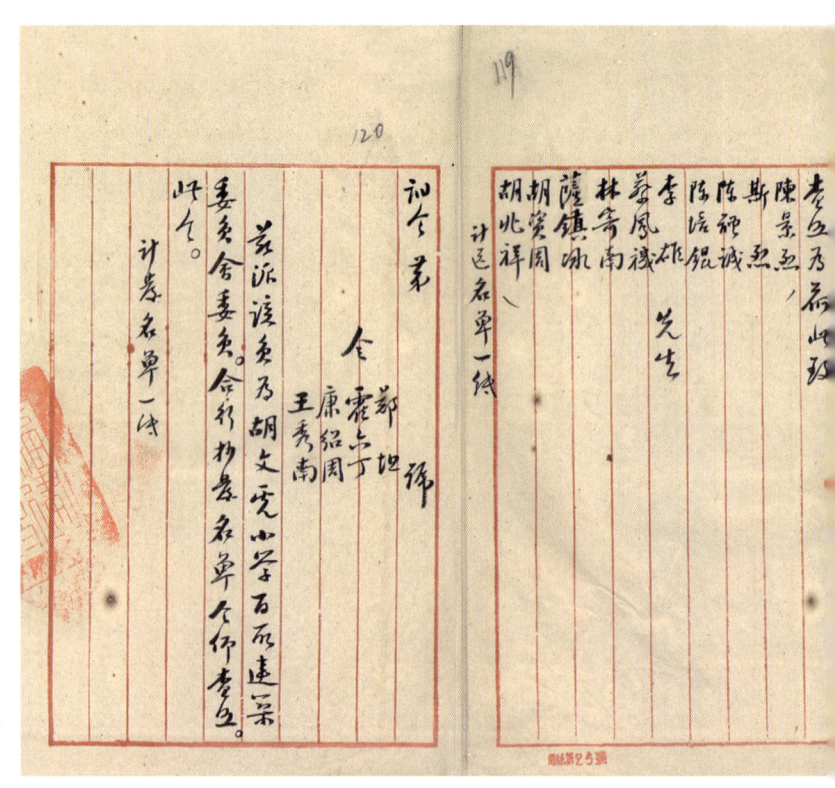

胡文虎小学百所
建筑委员会名单

72

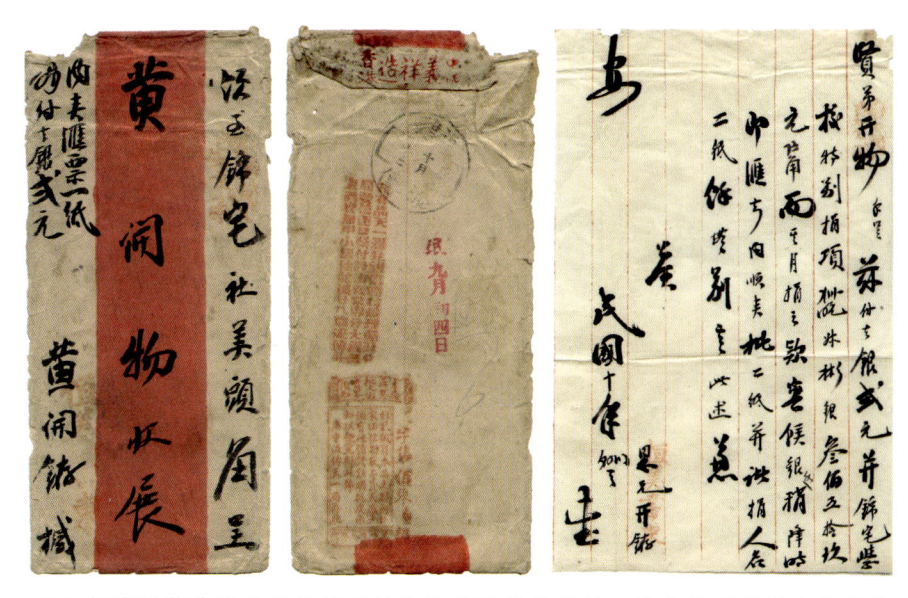

1921年漳州籍菲律宾华侨黄开鋳寄给黄开物的侨批，信中提到给锦宅华侨学校特别捐项431元。

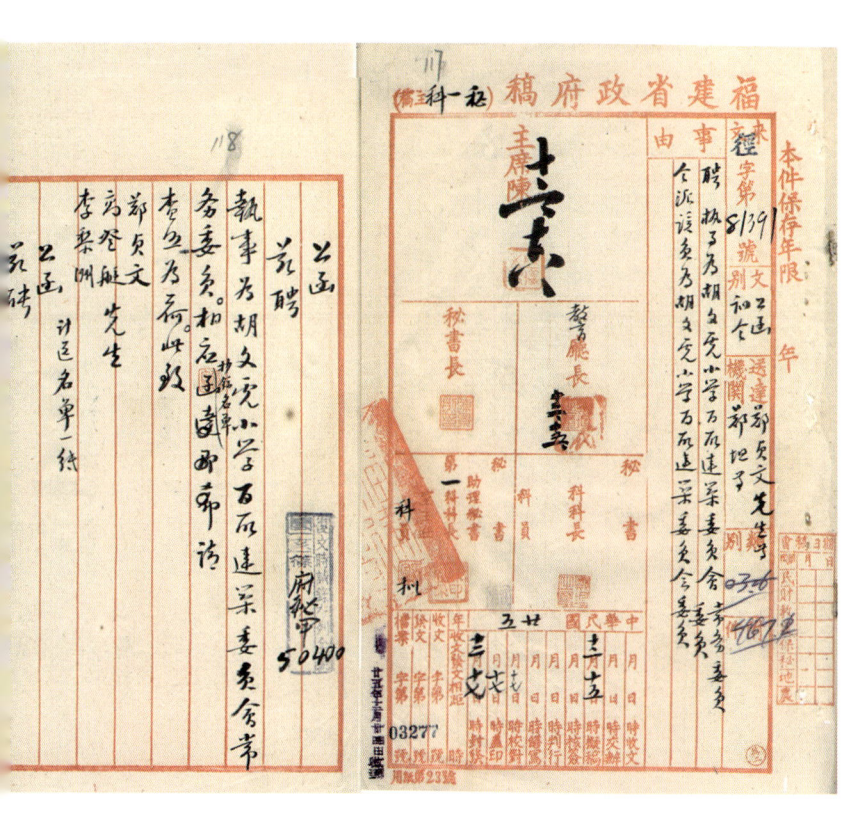

1922年菲律宾华侨林珠光在家乡厦门创设云梯学校

云梯学校旧貌

陶英学校碑记

王顺兴信局王为针捐资创办陶英学校

1928年海外华侨华人林文庆、黄奕住、章茂林等捐建厦门中山医院。

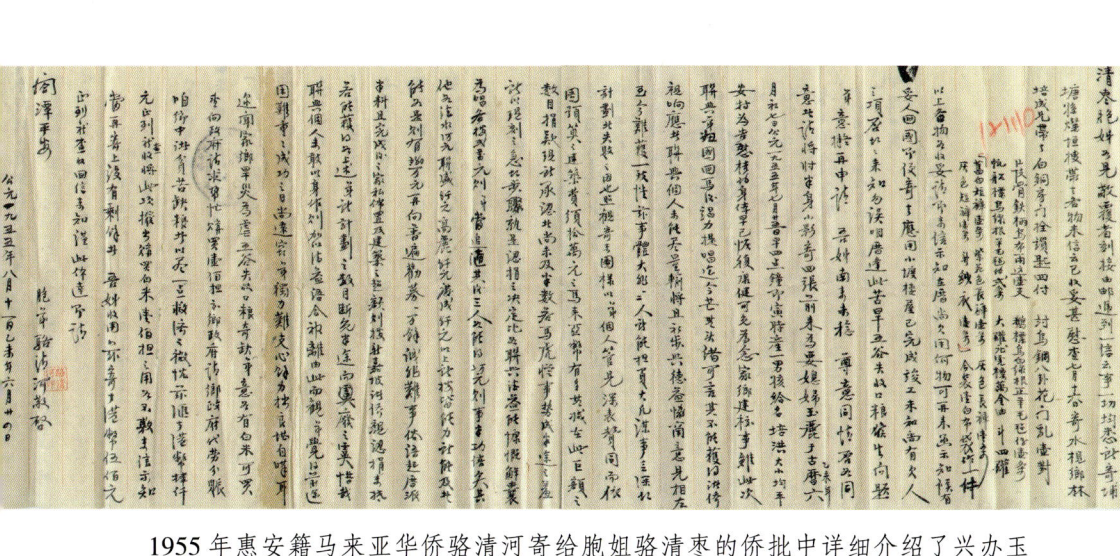

1955年惠安籍马来亚华侨骆清河寄给胞姐骆清枣的侨批中详细介绍了兴办玉埕学校预算费用和对当地侨胞捐款的安排。此外，骆清河还捐建了惠安玉埕医院。

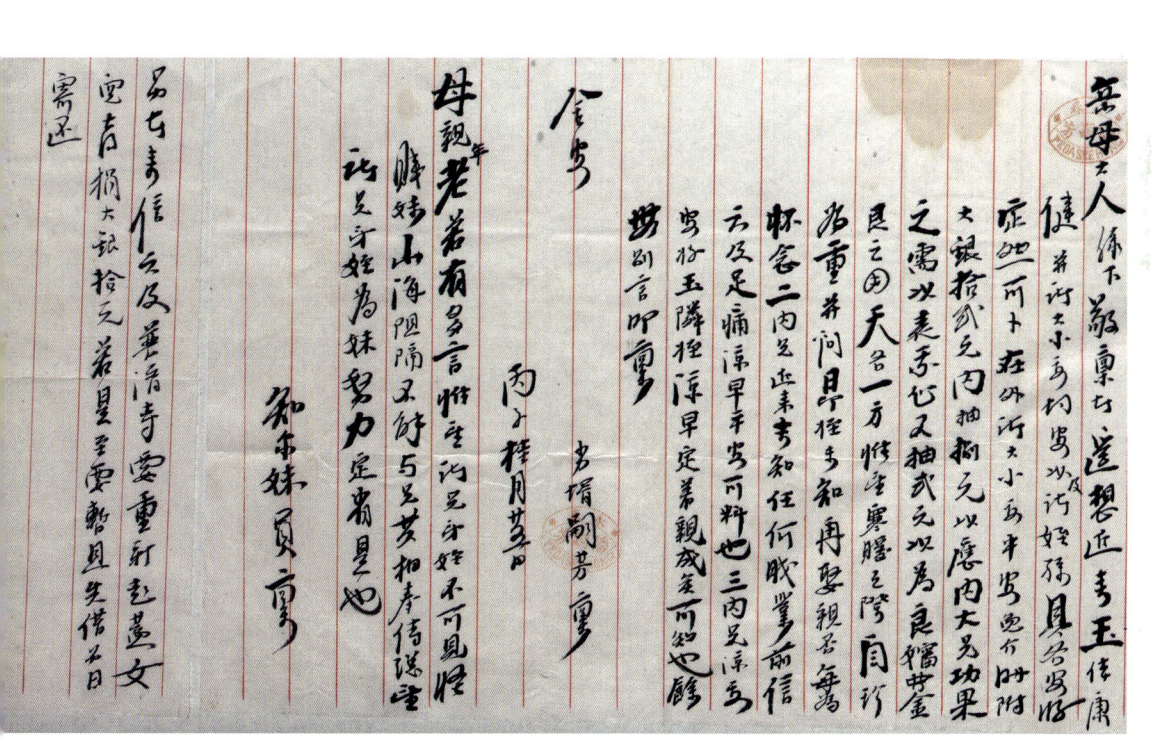

1936年永春籍缅甸华侨潘嗣芳捐银10元用于翻修家乡普济寺

锦里大祖宗祠修理筹备会董事
林耀星芳宗光生台鉴：

不此次返里省视，承蒙诸位乡贤宗兄之热诚
款待，並备方指教，铭感五中，尤其诸宗视之
心乡里事业，努力倡修大祖宗祠视修建完成
颇志，平布察谅至哟，齐西章市福华银行汇
上人民币九仟元至请惠收。並将捐款人個别
款芽即行四書勸捐，奈諸鄉視多從事商道
業，生活平凡而已，连日前商诸冷淡经济难
以致募款成绩，殊劳可观，诚力不從心也，不胜汗
但愿修理费尚有差额，承委何振星乡视菶捐
付下救援以符手续，但款项以不补不数建築费，
敬此奉達，順说

筹安

愚弟 林水沫谨上
1987年9/2 農厲元月廿四日

（普通圣母誕誠新人名録壹副
註：领款时须交你们两人同時签收）

诗至坡：捐款人芳名列下

1 林末祖捐鸦贰拾元 —此另已帐"長溪"之子
2 林紅绸 × × 伍拾元
3 林應春 × × 伍拾元
4 林加末壬× × 伍拾元
5 林加末 × × 伍拾元
6 林石狮 × × 伍拾元
7 林水沫 × × 伍拾元
8 林石修 × × 伍拾元
9 林水末 × × 壹佰元 —此另"蟒蛇社"蚵鄉侄孙
10 林荣振雄 × × 壹佰元—此另已帐"志纯"之子
11 林廷傑 × × 壹佰戊拾元

　合共：
　註：馬帶瀧泥民人帶1000元
　加来汇寄即元

19-2-1987

1987年马来西亚华侨林水沫关于捐资修复祖宗祠堂给林耀星的侨批，
信中详列了捐款人芳名录及捐款数目。

3. 兴乡之源

海外华侨华人积极投资家乡建设，将海外的发展理念、文化生活方式和思想观念带回侨乡，促进了侨乡的经济建设和生活水平的改善，为侨乡社会由传统向现代转型发挥了重要作用。

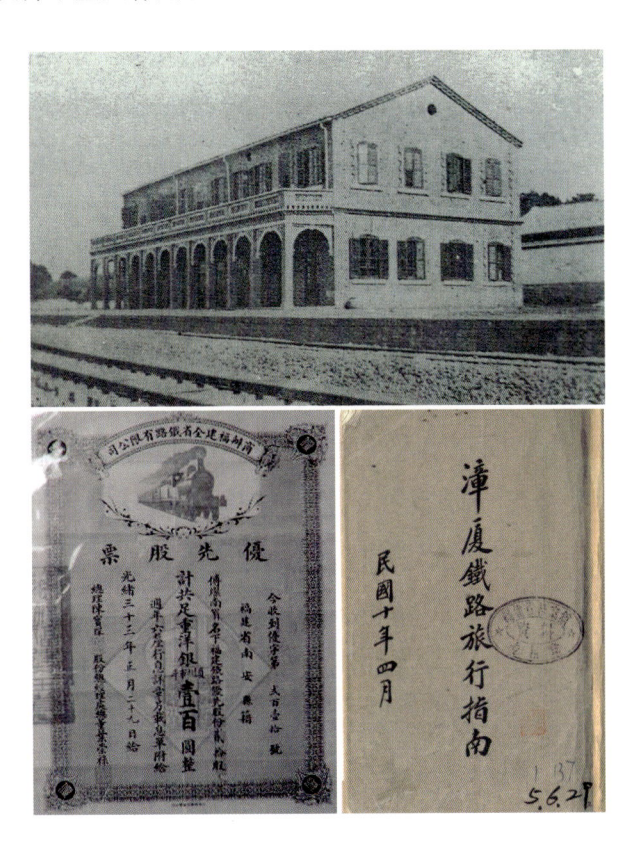

闽省旅外华侨积极参与集资修筑的福建省第一条铁路——漳厦铁路，于1910年5月竣工试运行。图为漳厦铁路设在嵩屿的火车站、商办福建全省铁路有限公司优先股票和漳厦铁路旅行指南。

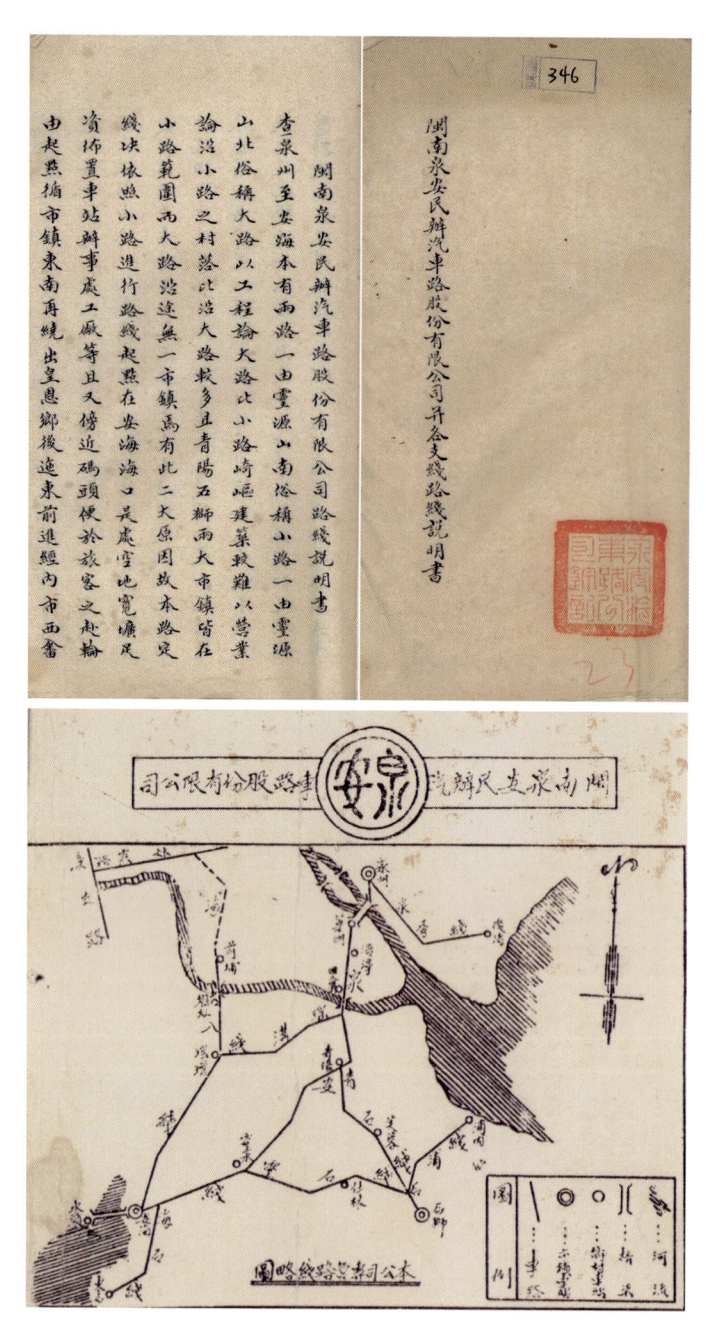

何以侨批

346

闽南泉安民办汽车路股份有限公司并各支线路线说明书

闽南泉安民办汽车路股份有限公司路线说明书

查泉州至安海本有两路，一由灵源山南俗称小路，一由灵源山北俗称大路，从工程论大路比小路崎岖建筑较难以等。轮沿小路之村落此沿大路载多且青阳五都两大市镇皆在小路范围，两大路沿途无一市镇为有此二大原因载本路定线块，依照小路进行路线起点在安海海口觅处空地宽敞足资铺置车站办事处工厂等且又傍近码头便于旅客之起轮，由起点指市镇东南再绕出皇恩乡后进东前经内市西畚

1919年7月，旅日华侨陈清机创办福建省第一家侨办汽车公司——闽南泉安民办汽车路股份有限公司。图为闽南泉安民办汽车路股份有限公司并各支线路线说明书和该公司的"专营路线略图"。

1919—1927年间华侨投资的主要汽车公司表

单位金额：折人民币（元）

年份	公司名称	资本额	其中华侨投资	营业里程（公里）
1919	泉安公司	25万	20万	73
1919	泉圃公司	15万	15万	26
1921	泉洪公司	6万	1.5万	29
1921	同美公司	25万	25万	19.5
1921	漳浮始兴公司	31万		33
1926	鸭杏公司	3.5万	3.5万	7
1926	泉溪公司	15万	15万	20
1927	溪安公司	26万	18.5万	69
1928	安溪公司	100万	43万	69
1929	漳嵩公司	30万		50
1929	龙诏公司	28万	3万	132.5
1930	泉永德公司	20万	10万	108.5
1930	石东公司	16万	16万	20
1930	石永蚶公司	38万	38万	17
1931	泉秀公司	11万	11万	9
	巷南公司	5万		8
	白马公司	4万		7

20世纪20年代前后，爱国华侨掀起修筑公路的热潮，福建公路得到较大发展。1919年至1931年华侨投资的主要汽车公司有17家，总资本额370万元，其中侨资219.5万元（占总资本额的60%左右），总里程697.5公里，主要集中在泉州、漳州一带。

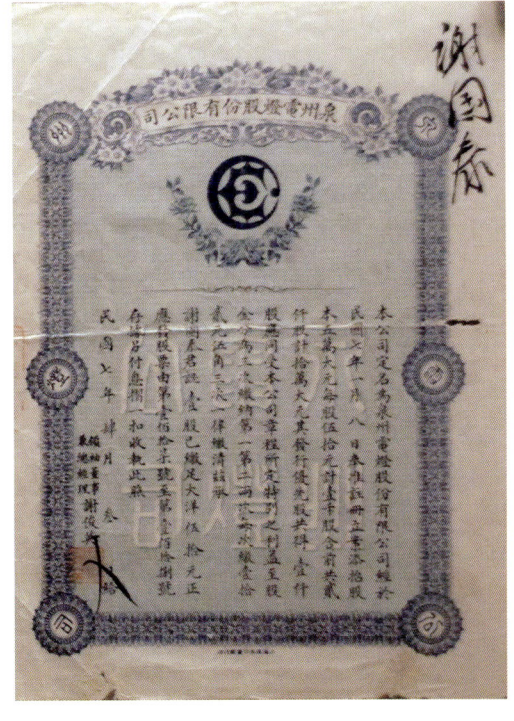

1913年菲律宾华侨李丹臣、泉州绅商谢俊生发起创办的泉州电力公司，1916年改名泉州电灯股份有限公司。图为该公司1918年股票。

1913年华侨陈耀煌创办厦门电灯电力股份有限公司，这是厦门第一家电力工业。图为该公司设在厦门港的发电厂。

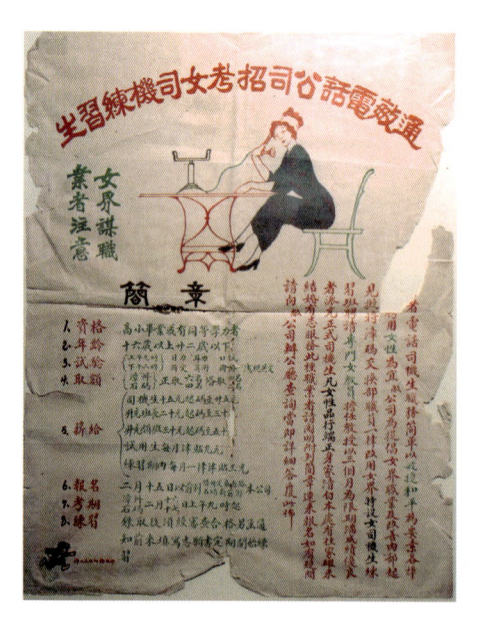

1925年华侨黄奕住在漳州设立通敏电话公司。图为漳州通敏电话公司招考女司机练习生的简章。

1927年印尼归侨曾国新、曾国聪兄弟投资创办厦门思明电影院。图为厦门思明电影院旧貌。

1921年华侨黄奕住等发起成立厦门自来水公司。图为厦门自来水公司鹭江道办事处和营业执照。

1927年菲律宾华侨李昭北投资190万银元,在厦门创办李民兴公司,此为菲律宾华侨回国投资房地产业的开端。图为李昭北寄给鼓浪屿漳州路李家庄蔡绥的侨批。

1929年菲律宾归侨陈天恩、陈希庆在福州创办福建首家机制纸厂——福建造纸股份有限公司。图为福建造纸厂生产车间。

抗日战争胜利后，东南亚各地闽籍知名华侨人士胡文虎、林庆年、王振相等40多人发起组建福建经济建设股份有限公司，旨在协助福建战后恢复经济。图为开幕典礼上来宾和发起人的合影。

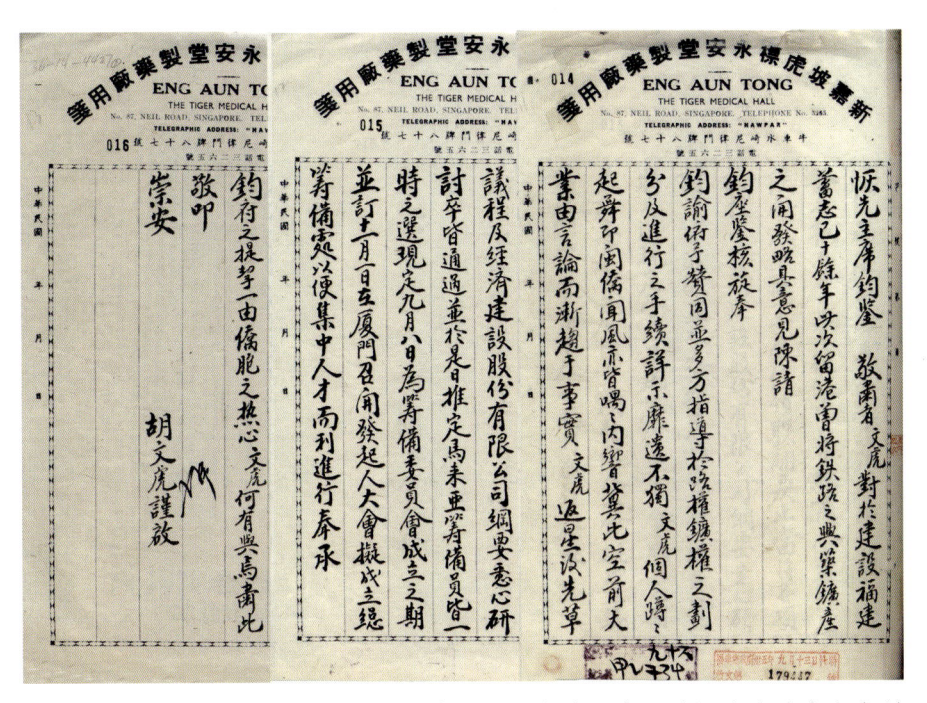

1946年著名爱国侨领胡文虎关于投资福建经济建设事业给福建省政府主席刘建绪的函，表达了海外华侨投资兴乡的愿望。

爱国侨领胡文虎、胡文豹兄弟在缅甸仰光创办虎标永安堂，经营虎标万金油、八卦丹等中成药，1933年在厦门设立分行。图为民国年间在厦门中山路的虎标永安堂厦门分行外观。

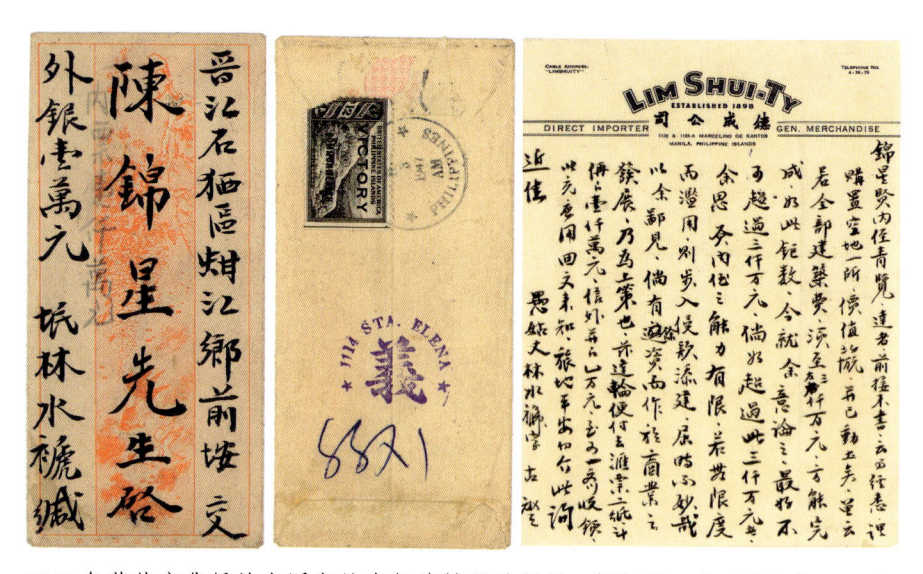

1947年菲律宾华侨林水褫寄给内侄陈锦星的侨批，寄汇票1千万元和银1万元，嘱咐有余资要用于投资。

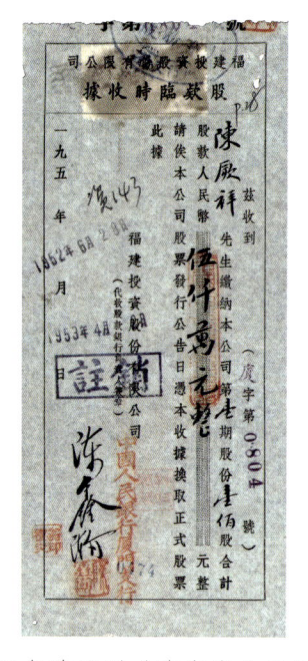

1952年陈厥祥（陈嘉庚之子）缴纳福建投资股份有限公司100股股款的临时收据

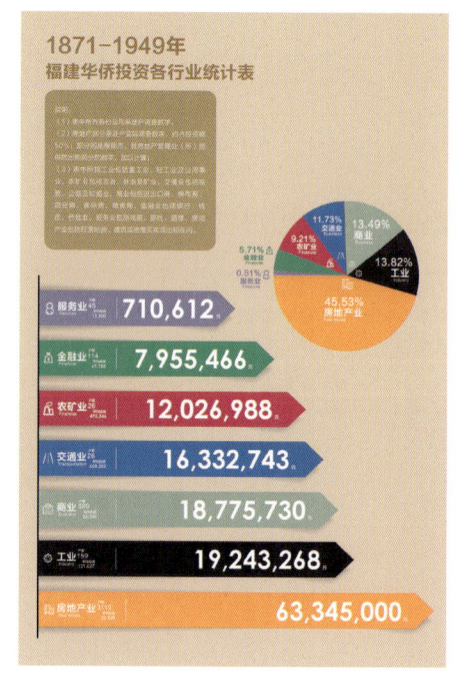

1871年至1949年福建华侨投资各行业统计表

4. 爱国情怀

侨胞们虽身居海外却心系祖国,在辛亥革命和抗日战争时期,广大爱国华侨义无反顾,慷慨解囊,甚至不惜捐躯为国,为实现民族复兴、国家富强和世界反法西斯战争的胜利立下了不朽功勋。

辛亥革命爆发前后,海外闽侨志士积极追随孙中山从事革命活动,立下了不朽的功勋。福建光复前后,闽籍侨胞捐款总数就不下二百万元。图为1910年孙中山在新加坡与部分同盟会会员合影。

辛亥革命期间，菲律宾康春景寄给黄开物的侨批，信中提到了同盟会机关刊物《公理报》经营情形等内容。

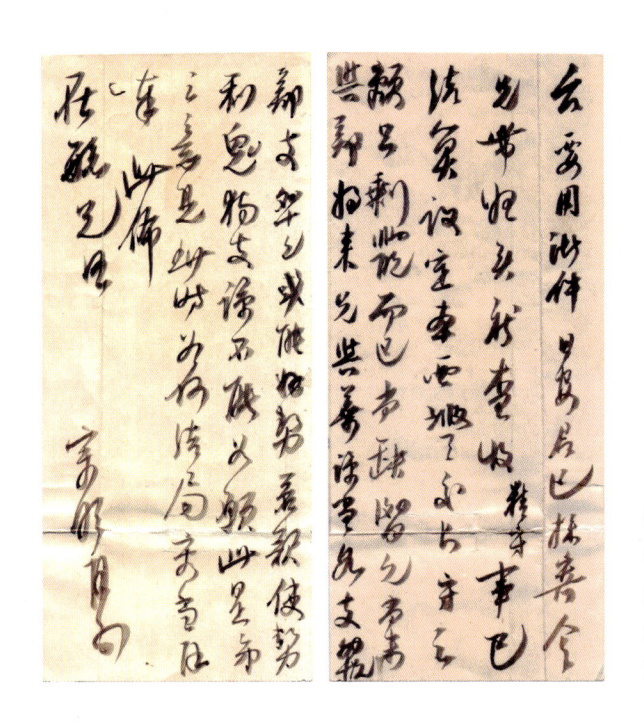

辛亥革命期间，同盟会菲律宾机关报《公理报》主编吴宗明寄给黄开物的侨批，信中请黄开物支出50元作为革命经费。

1928年菲律宾华侨郑道东寄给母亲的侨批，批封背面印有"奉劝诸君要记得，东洋货色买不得。如果买了东洋货，便是洋奴卖国贼"的宣传戳。

何以侨批

九一八事变后，海外华侨发动了抵制日货的运动，许多侨批宣传戳印有"抵制日货，坚持到底。卧薪尝胆，誓雪国耻"等内容。

1932年美国纽约唐人街爱国华侨举行游行，劝募献金，支援祖国抗战。

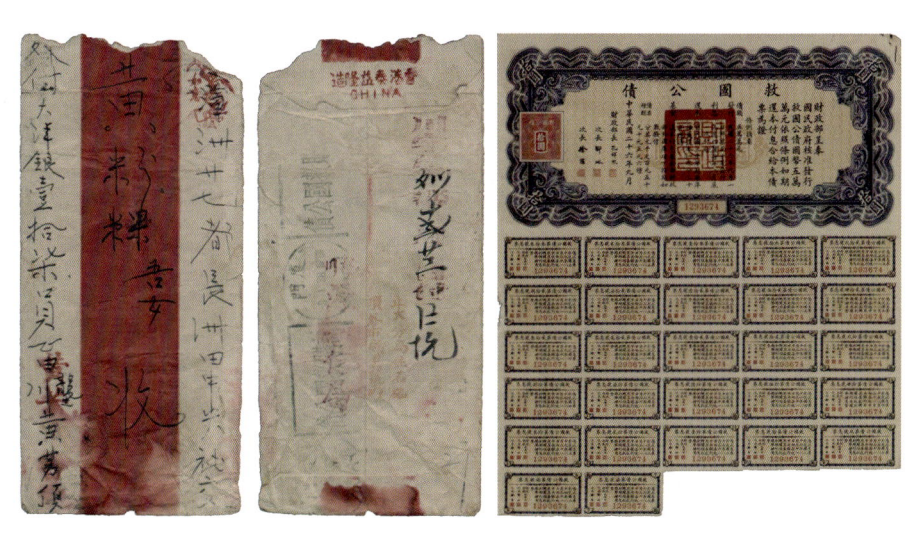

1937年8月17日，国民政府发行救国公债，得到了海外华侨的积极响应，左图为1938年印尼垅川黄芳顶寄给漳州黄粉粿的侨批，批封背面盖有"请购救国公债"印戳。右图为1937年9月救国公债单据。

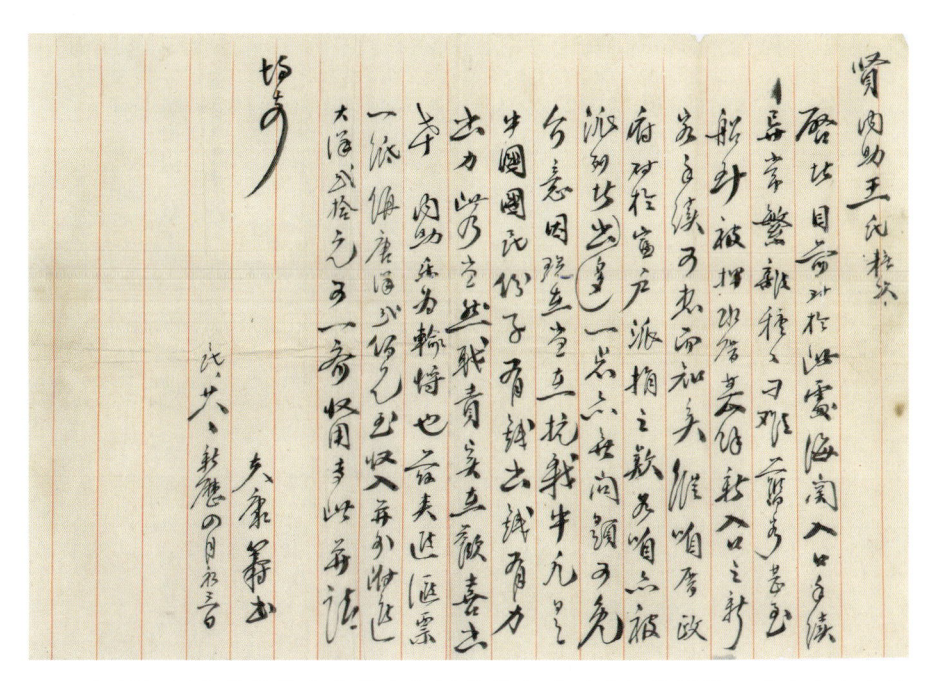

1939年厦门同安籍菲律宾华侨康起图寄给妻子王申妃的侨批，要求家人支持国内抗战，有钱出钱，有力出力。

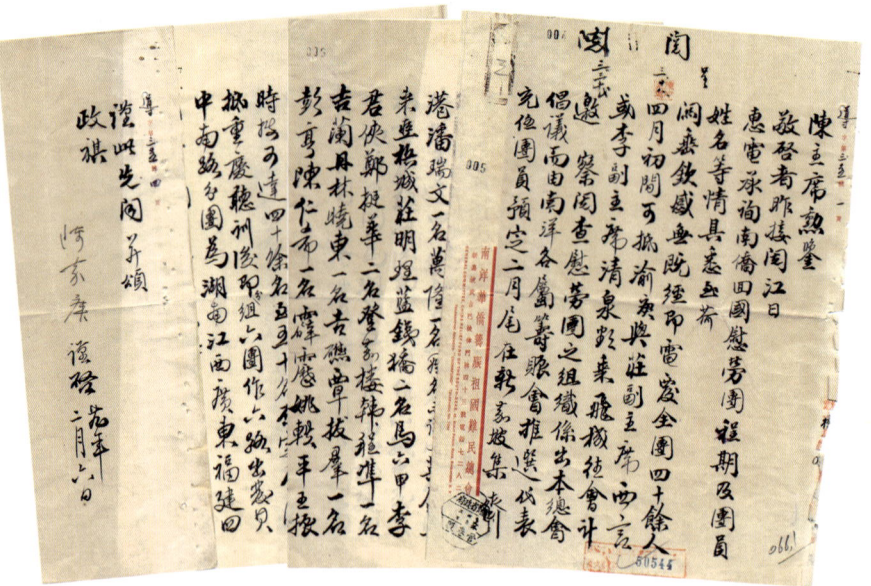

1940年，爱国侨领陈嘉庚率领南侨回国慰劳视察团回国慰问抗日军民及关于南侨回国慰劳回国日程安排等事宜给福建省政府主席陈仪的函。

四

海邦剩馥　记忆永存

侨批是中国国际移民的珍贵记忆，反映了中国移民参与国际开发，促进中华文明与世界其他地区文明交流融合的历史进程，具有鲜明的时代特征、世界意义和丰富的文化价值。2013年6月，联合国教科文组织批准"侨批档案"列入《世界记忆名录》，这是福建省首个入选世界记忆遗产的项目。

1. 文化交融

海外华侨作为中华文化的传承者和传播者，对侨乡和侨居地之间政治、经济、社会、文化的交融发展起到了积极的促进作用。

中华传统文化在海外的传承

在中华文化耳濡目染中成长起来的海外华侨，将家乡的生活方式、风俗习惯、文化教育等带到侨居地，成为侨居地多元文化不可分割的一部分，促进了中华文化在海外的传承与交融。

马来亚华侨家庭合影

何以侨批

20 世纪 30 年代马来亚土生华人家庭合影

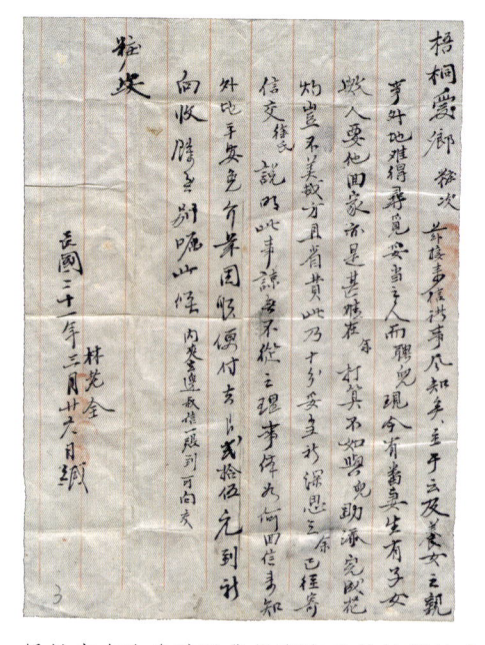

侨批中有许多涉及华侨家庭子弟结婚的内容，有的华侨在当地落地生根，娶妻生子。左图为侨批信中提及番妻生子之事，右图为新加坡华人兼有中国传统和南洋风格的结婚仪式。

身着中华传统服饰的海外华人妇女

清明节是慎终追远、拜祭祖先的日子。海外华侨不管在侨乡还是在移居地，始终挂怀于心，不敢懈怠。图为侨批信中提及华侨请在侨乡的亲属代为祭扫祖先坟墓

明信片上反映海外华侨在移居地举行传统舞狮活动的场景

海外华侨表演侨乡传统戏剧

新加坡天福宫，许多华侨在安抵移居地或离开时都会到此参拜，祈求神明保佑。

马来亚槟城万佛堂,融合了不同国家的建筑风格,塔顶仿缅甸式佛塔建筑,中层为泰国式,底层则为中国式。

清同治年间建造的马来亚城隍庙

海外华侨在移居地举行观音菩萨和大伯公圣诞妆艺游行活动

海外华侨有着兴学育才的传统，创办学校等教育机构，促进了中华文化传承和侨居地教育事业的发展。道南学堂，校名取自宋朝著名理学家程颢的"吾道南矣"一语。图为道南学堂第一届毕业生合影。

新加坡崇福女校

海外华侨创办的新加坡同济医院

马来亚诗巫黄乃裳中学

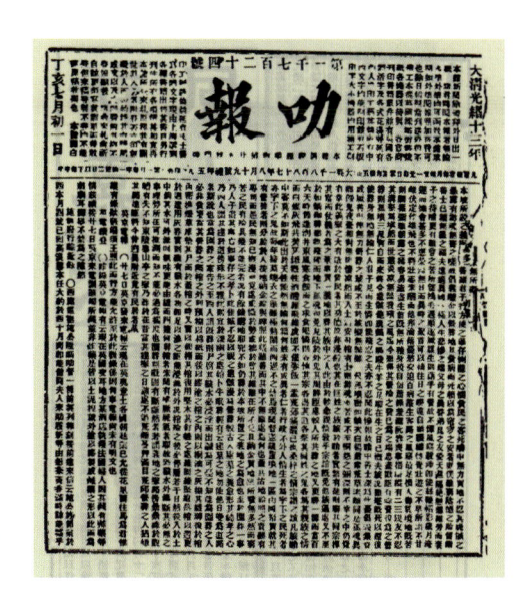

1881年闽籍华人薛有礼创办的新加坡《叻报》，是东南亚最早的华文日报。

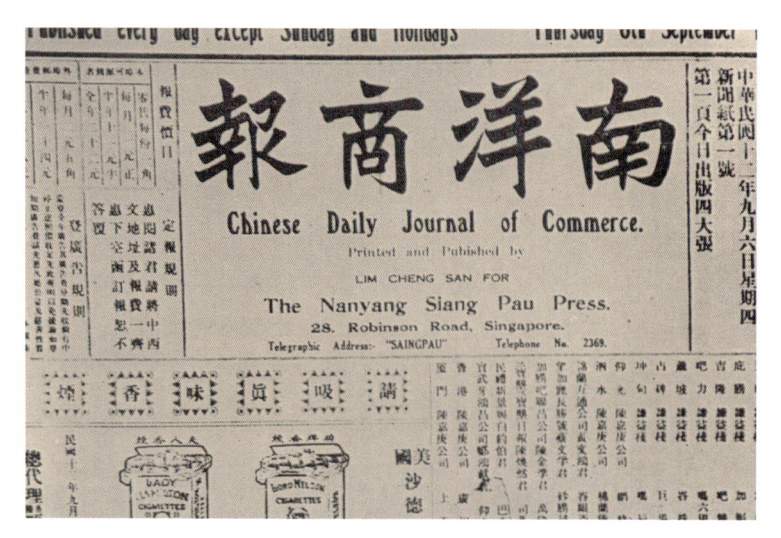

1923年著名侨领陈嘉庚创办的《南洋商报》，是马来西亚的主要华文媒体之一。

1929年著名侨领胡文虎创办的《星洲日报》，是马来西亚的主要华文媒体之一。

海外华侨寄给家乡的侨批，批内附一中药方。

闽籍华侨在海外翻译的《三国》《宋江》《古今奇观》等中国传统文学艺术作品

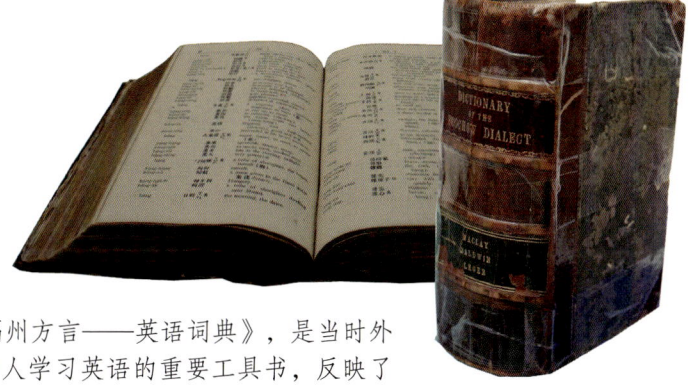

1870年6月初版的《福州方言——英语词典》，是当时外国人学习福州话和福州人学习英语的重要工具书，反映了中外语言文化交融的历史。

何以侨批

海外文化对侨乡的影响

海外华侨寄回的大量侨款,不仅改善了侨眷的生活,而且带来了海外新事物、新思想、新观念和新文化,为侨乡社会由传统向现代转型发挥了重要作用。

位于福建省南安市官桥镇的蔡氏古民居群,由菲律宾侨商蔡启昌、蔡资深父子及其后裔兴建,融合了佛教、伊斯兰教,吸取了南洋、西方和中国传统建筑精华,体现了闽南古民居丰富的文化内涵和传统韵味。

1893年华侨蔡资深寄给颜良瞒妻子的侨批，信中汇款并问候家人。

华侨不仅在海外办报，也在家乡办报。马来亚华侨黄乃裳于1898年创办的《福报》，是海外华侨在福建创办的第一张报纸，该报积极传播新式思想和文化。

1916年菲律宾华侨林翰仙与同盟会元老许卓然在厦门合作筹办《民钟日报》

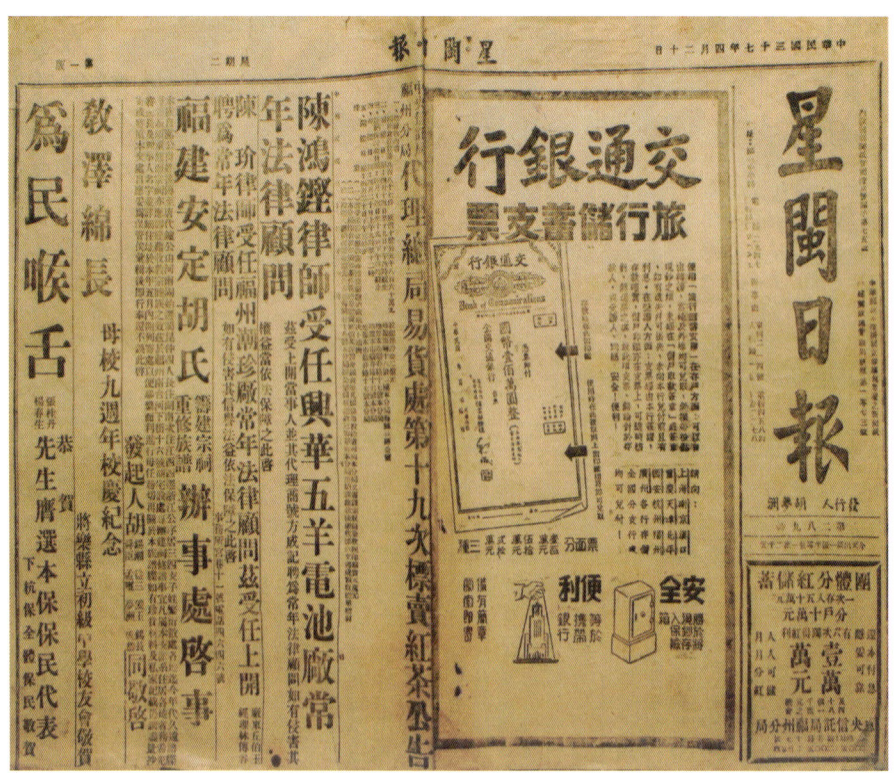

1947年爱国侨领胡文虎在福州创办《星闽日报》

民国时期福建侨乡具有西洋风格的结婚典礼

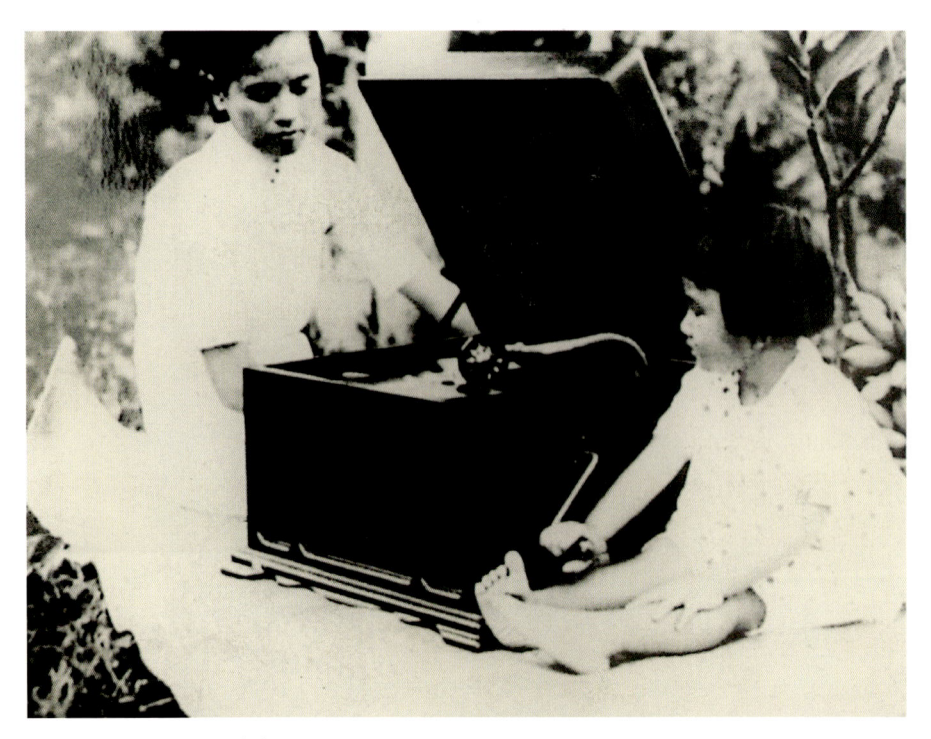

侨眷家中使用的留声机

侨乡组建的西洋乐队

足球、网球、篮球和乒乓球等体育运动项目被引入侨乡，促进了福建现代体育的发展。图为1931年厦门大学篮球队和网球队。

何以侨批

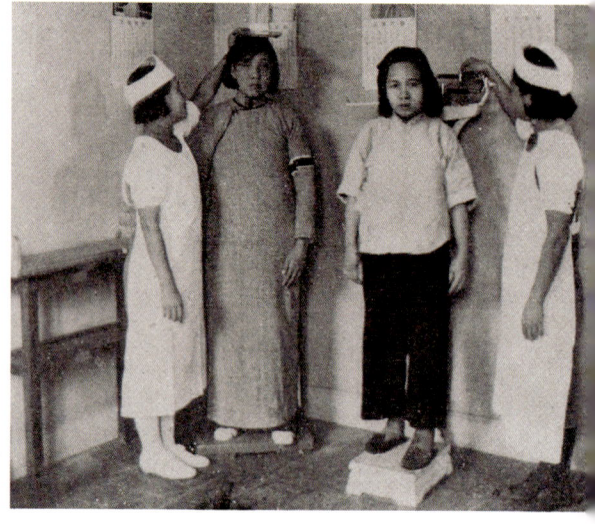

现代医疗制度及设施的引进，改变了侨乡的医疗卫生状况和人民的健康观念。图为华侨捐建的医院及产前检查。

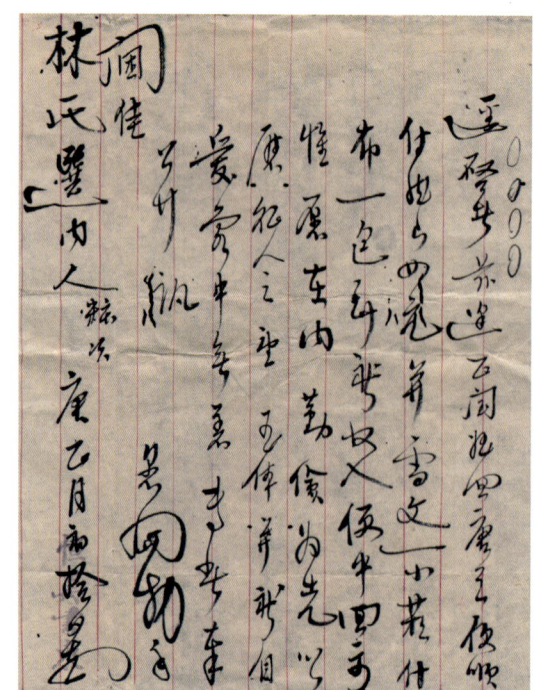

闽南方言中的外来语词汇，进一步丰富了侨乡的语言内容。图为1910年菲律宾马尼拉黄开物关于寄递雪文、洋布等事宜寄给福建同安锦宅社林氏的侨批，其中"雪文"（即香皂）一词吸收了外语成分。

2. 世界记忆

侨批是珍贵的世界记忆遗产，它记录了侨乡和移居地的社会历史变迁，反映了中国移民参与国际开发，促进中华文明与世界其他地区文明交流与融合的历史记忆，具有鲜明的时代特征、世界意义和丰富的文化价值。2013年6月，侨批档案入选《世界记忆名录》。

记忆名录

世界记忆项目是1992年由联合国教科文组织发起的，目的是实施联合国教科文组织宪章中规定的保护世界文化遗产的任务，提高人们对文献遗产重要性的认识。世界记忆项目关注世界记忆遗产，包括手稿、口述历史记录以及各种载体的珍贵档案等，建立《世界记忆名录》是其重要内容。

联合国教科文组织及世界记忆名录标识

国家名录：收录世界记忆国家委员会批准入选的文献遗产。
地区名录：收录世界记忆地区委员会批准的文献遗产，如《世界记忆亚太地区名录》。
国际名录：收录世界记忆国际咨询委员会核准，经联合国教科文组织总干事签署同意的文献遗产，即《世界记忆名录》。

申报世遗

在中国各级政府的重视和推动，以及社会各界的努力下，侨批档案以其特有的文化价值和世界意义，先后于2010、2012年分别入选《中国档案文献遗产名录》和《世界记忆亚太地区名录》，并于2013年6月入选《世界记忆名录》。

2013年侨批档案入选联合国教科文组织《世界记忆名录》证书

2012年侨批档案入选联合国教科文组织《世界记忆亚太地区名录》证书

国家档案局

档函〔2010〕44号

国家档案局关于《中国档案文献遗产名录》入选项目的通知

各省、自治区、直辖市档案局,各计划单列市档案局:

2010年2月22日,"中国档案文献遗产工程"国家咨询委员会召开会议,按照"中国档案文献遗产"入选标准对第三批申报的档案文献进行了认真审定,评定通过以下30件组档案文献入选《中国档案文献遗产名录》(排名不分先后):

1. 四川省凉山彝族自治州毕摩文献
2. 敦煌写经
3. 《新刊黄帝内经》
4. 《本草纲目》(金陵版原刻本)
5. 锦屏文书
6. 清初满文木牌

— 1 —

7. 清代庄妃册文
8. 雍正皇帝为指派廉济办理藏务事给达赖喇嘛的敕谕
9. 清代四川巴县档案中的民俗档案文献
10. 嘉庆皇帝为确立达赖灵童给班禅活佛的敕谕
11. 侨批档案
12. 清朝同治年间绘制的《六省黄河埝工埽坝情形总图》
13. 清代黑龙江通省满汉文舆图图说(同治年间)
14. 清代黑龙江地方鄂伦春族满文户籍档案文献(同治、光绪年间)
15. 李鸿章在天津筹办洋务档案文献
16. 清末云南为禁种大烟倡种桑棉推行实业档案文献
17. 延长油矿管理局"延1井"(陆上第一口油井)专题档案
18. 山西商办全省保晋矿务有限总公司档案文献
19. 苏州市民公社档案
20. 晚清、民国时期百种常熟地方报纸
21. 辛亥革命武昌起义档案文献
22. 浙军都督府汤寿潜函稿档案
23. 民国时期筹备三峡工程专题档案
24. 孙中山葬礼纪录电影原始文献

— 2 —

2010年侨批档案成功入选《中国档案文献遗产名录》

海邦剩馥

侨批作为民间留存的历史记忆，是研究近代华侨史、经济史、社会史、文化史、金融史、邮政史、中外交通史、国际关系史等的珍贵档案文献，被当代国学大师饶宗颐誉为"海邦剩馥"，其文化价值和世界意义历久弥新。

> 来自民间的侨批记载翔实，内容丰富，从中可以了解到祖国与侨胞居住国的国情、侨胞故乡的乡情、侨胞家庭的家情和侨胞与他们眷属的亲情，是研究社会史、金融史、邮政史以至海外移民史、海外交通史、国际关系史的宝贵历史资料，与典籍文献互相印证，补充典籍文献记载之不足，可谓是继徽州契约文书之后在历史文化上的又一重大发现。
>
> ——饶宗颐

2011年，福建省档案局在广东开展福建侨批档案的宣传推介，联合国教科文组织世界记忆项目亚太地区委员会主席埃德蒙森，世界记忆亚太地区委员会名录评审委员会主席如加亚·阿布哈孔参观福建侨批档案。

2012年12月，"中国侨批·世界记忆"国际学术研讨会在福建省档案馆举办，来自中国、日本、新加坡、泰国等国的专家学者一致指出侨批作为重要的文化、经济、情感纽带，蕴藏着丰富的社会信息，可作为重构全球史和亚太区域文化史的重要素材，是全人类共享的珍贵记忆遗产和精神财富。

2013年4月，在北京人民大会堂召开的"中国侨批·世界记忆工程"国际研讨会上，来自中国、美国、加拿大、英国、日本、新加坡、马来西亚、泰国等国的专家学者指出，侨批档案是目前已发现的非官方记载、数量最多的移民文献，是海外移民研究"皇冠"上的钻石之王。

2013年4月,"海邦剩馥——中国侨批档案展"在北京举办。

2013年6月,侨批申遗前夕赴泰国曼谷举办侨批展。

侨批档案作为华侨文化的重要组成部分，是海上丝绸之路的重要历史见证，它以家书形式，搭起海外华侨华人与家乡亲人沟通的桥梁，记载了老一辈海外侨胞艰难的创业史和浓厚的家国情怀，是中华民族讲信誉、守承诺的重要体现。自侨批档案成功入选《世界记忆名录》以来，福建省档案馆积极开展侨批文化的宣传推广，传承中华优秀传统文化，宣传华侨精神，在促进"海丝"沿线国家和地区人文交流、讲好福建故事、凝聚侨心侨力等方面发挥独特作用。

2023年12月，中央统战部副部长、国务院侨办主任陈旭一行参观福建省档案馆侨批展。

2018年11月，在世界记忆项目福建学术中心成立仪式上，国家档案局、联合国教科文组织世界记忆项目教育和研究分委员会、福建省档案馆签署合作谅解备忘录。

2019年11月，福建省档案馆与新加坡国家文物局签署合作谅解备忘录。

2014年9月，侨批展在马来西亚吉隆坡、新山举办。

2015年10月，侨批展在美国纽约、华盛顿举办，福建省档案馆向当地华人社团赠送侨批档案图册。

2017年6月,由国家档案局和印尼国家档案馆主办、福建省档案馆协办的"中印尼社会文化关系档案展"在北京展出。

2017年11月,侨批展在新西兰奥克兰、惠灵顿举办。

2018年12月,侨批展在菲律宾马尼拉、安吉利斯举办。

2019年10月,侨批文化宣传推广活动在澳门举办。

2023年6月,第二届"侨批文化与华侨精神"研讨会和"协作·发展——世界记忆项目的宣传推广"主题活动在泉州举办。

近年来,福建省档案部门在省内开设侨批馆,开展侨批活化利用和宣传推广,获得良好社会反响。图为2023年12月,中央档案馆副馆长、国家档案局副局长魏洪涛一行参观福建省档案馆侨批展。

2022年11月，"海丝情忆——丝绸与侨批档案文献遗产展"在江苏苏州举办。

2023年2月，由新加坡国家文物局、新加坡晚晴园孙中山南洋纪念馆、福建省档案馆联合主办的"无限江山笔底收——新加坡早期中文报业与星闽记忆"展览在福州开展。

2023年5月，"百年跨国两地书——福建侨批展"在马来西亚华人博物馆举办，受到华侨华人的热烈欢迎。

福建省档案馆被中国侨联授予"中国华侨国际文化交流基地"，成为海外华裔重要参观点。图为2023年11月，"缅侨寻根之旅福建行"参访团参观福建省档案馆侨批展。

119

附录一　入选《世界记忆名录》的中国档案文献

文献遗产名称：中国传统音乐录音档案
入选名录时间：1997 年
申报单位/保管单位：中国艺术研究院音乐研究所

文献遗产名称：清代内阁秘本档
入选名录时间：1999 年
申报单位/保管单位：中国第一历史档案馆

文献遗产名称：纳西东巴古籍
入选名录时间：2003 年
申报单位/保管单位：东巴文化研究院

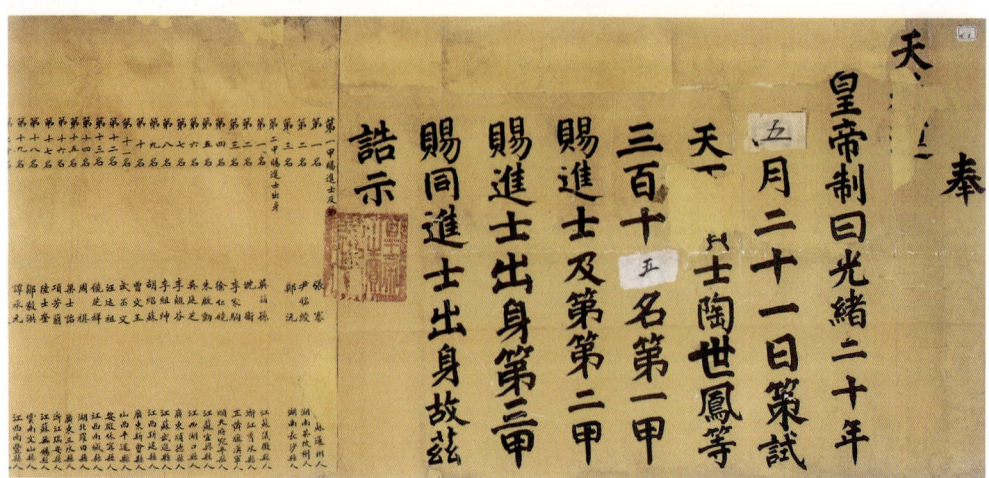

文献遗产名称：清代科举大金榜
入选名录时间：2005 年
申报单位 / 保管单位：中国第一历史档案馆

文献遗产名称：清代"样式雷"建筑图档
入选名录时间：2007 年
申报单位/保管单位：国家图书馆、中国第一历史档案馆、故宫博物院

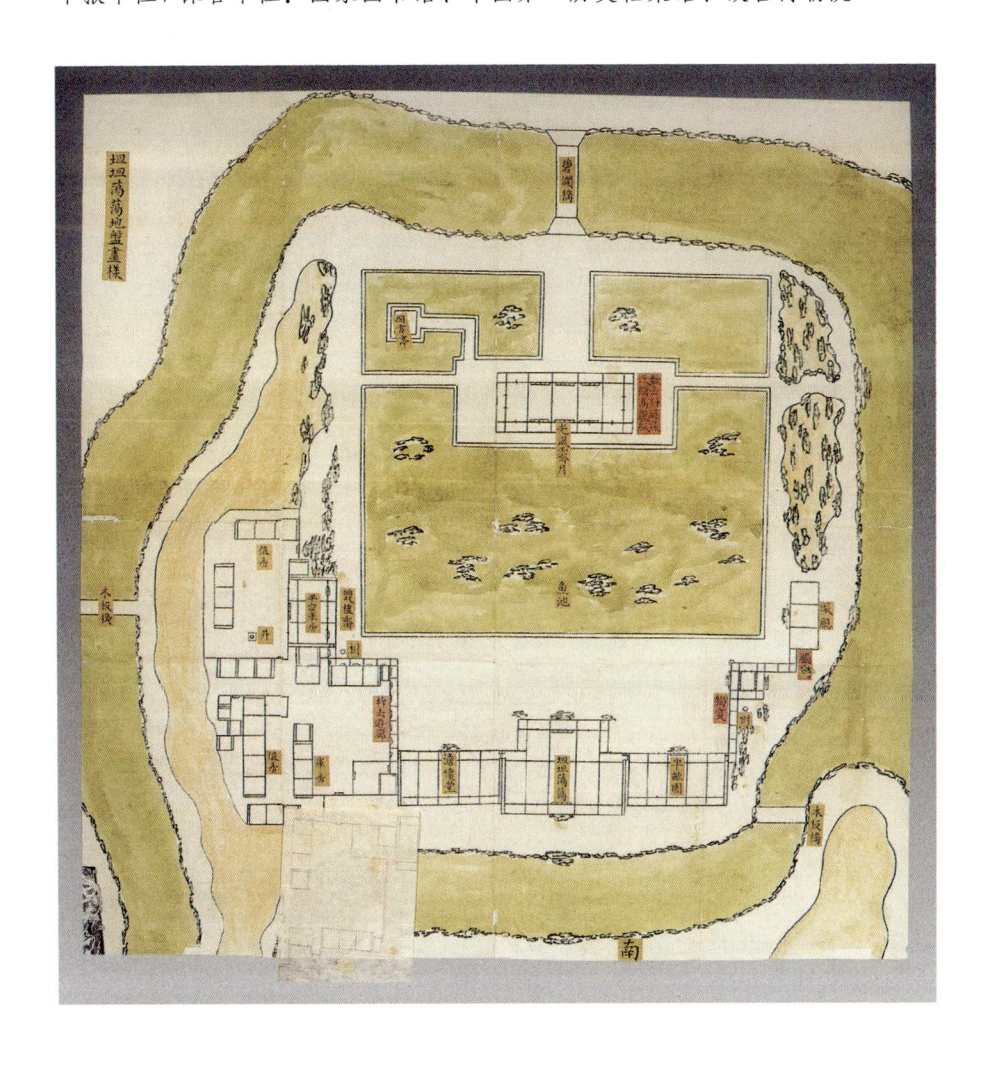

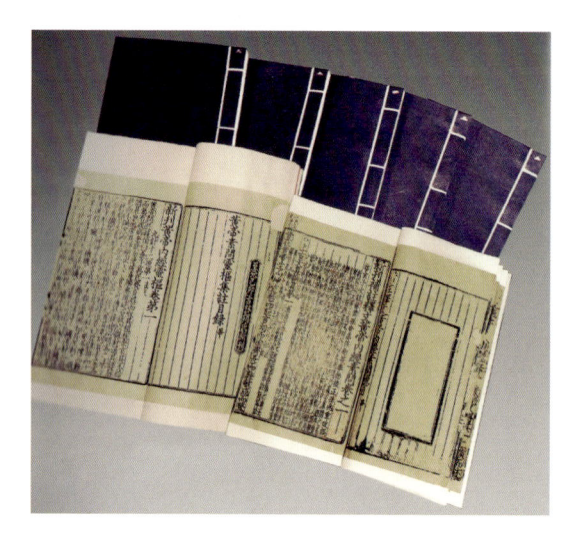

文献遗产名称：《黄帝内经》
入选名录时间：2011年
申报单位/保管单位：中国国家图书馆

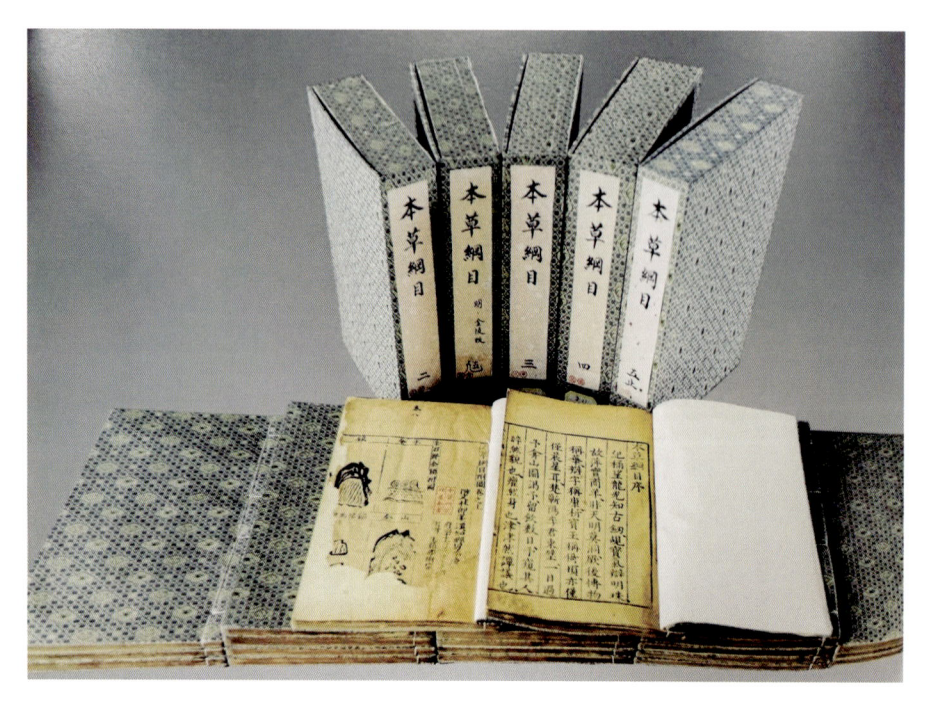

文献遗产名称：《本草纲目》
入选名录时间：2011年
申报单位/保管单位：中国中医科学院图书馆

文献遗产名称：元代西藏官方档案
入选名录时间：2013 年
申报单位 / 保管单位：西藏自治区档案馆

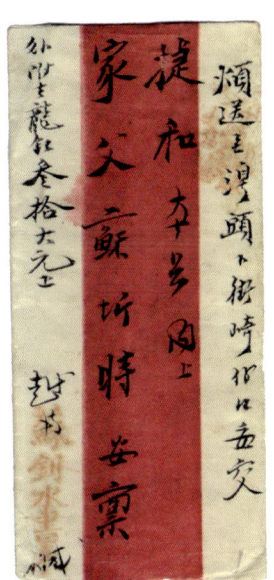

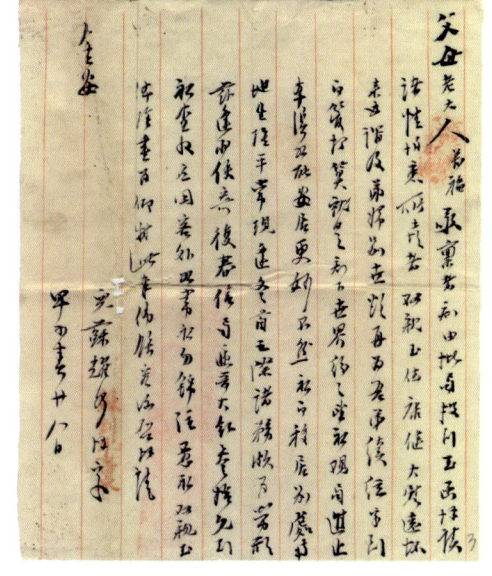

文献遗产名称：侨批档案——海外华侨银信
入选名录时间：2013 年
申报单位 / 保管单位：广东省档案馆、福建省档案馆

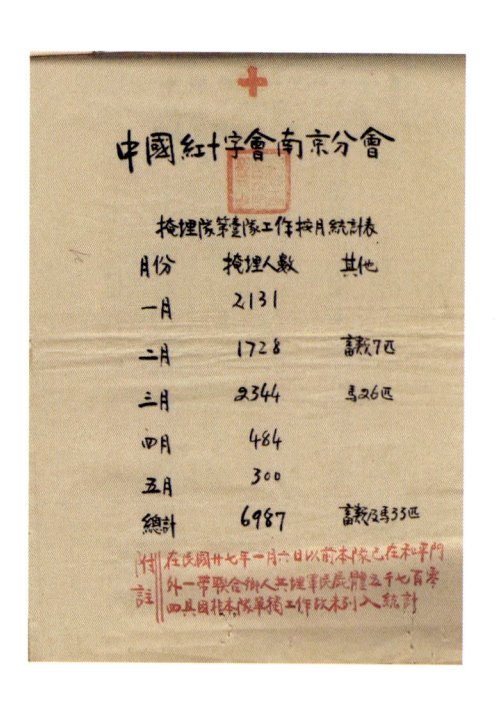

文献遗产名称：南京大屠杀档案
入选名录时间：2015 年
申报单位/保管单位：中央档案馆、中国第二历史档案馆、辽宁省档案馆、吉林省档案馆、上海市档案馆、南京市档案馆、侵华日军南京大屠杀遇难同胞纪念馆

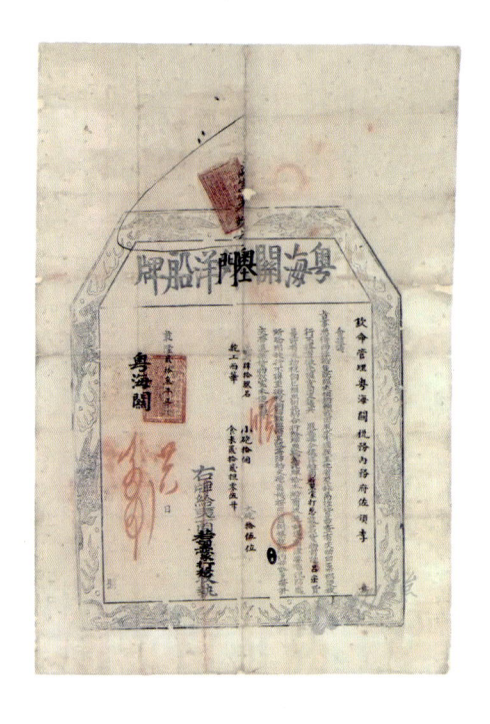

文献遗产名称：清代澳门地方衙门档案（1693—1886）
入选名录时间：2017 年
申报单位/保管单位：澳门档案馆、葡萄牙国家档案馆

文献遗产名称：近现代中国苏州丝绸档案
入选名录时间：2017 年
申报单位/保管单位：苏州市工商档案管理中心

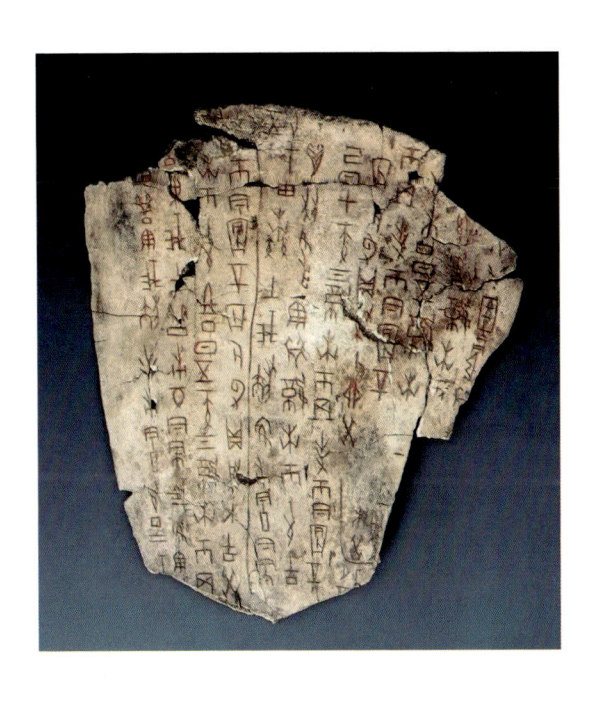

文献遗产名称：甲骨文
入选名录时间：2017 年
申报单位/保管单位：中国社会科学院历史研究所、中国社会科学院考古研究所、国家图书馆、故宫博物院、北京大学、清华大学图书馆、上海博物馆、南京博物院、山东博物馆、旅顺博物馆、天津博物馆

文献遗产名称：《四部医典》
入选名录时间：2023 年
申报单位/保管单位：西藏自治区藏医院

文献遗产名称：澳门功德林寺院档案文献（1645—1980）
入选名录时间：2023 年
申报单位/保管单位：澳门文献信息学会、澳门世界记忆学术中心（澳门城市大学）

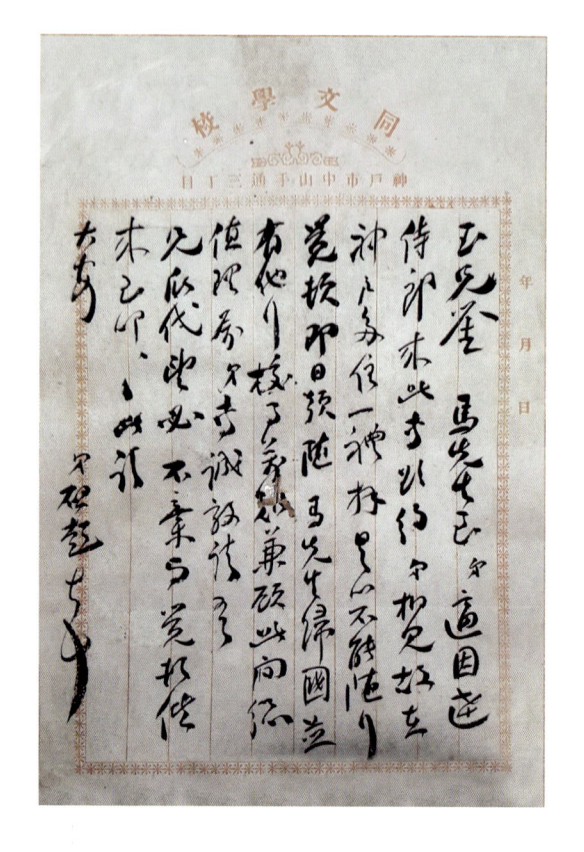

附录二 入选《世界记忆亚太地区名录》的中国档案文献

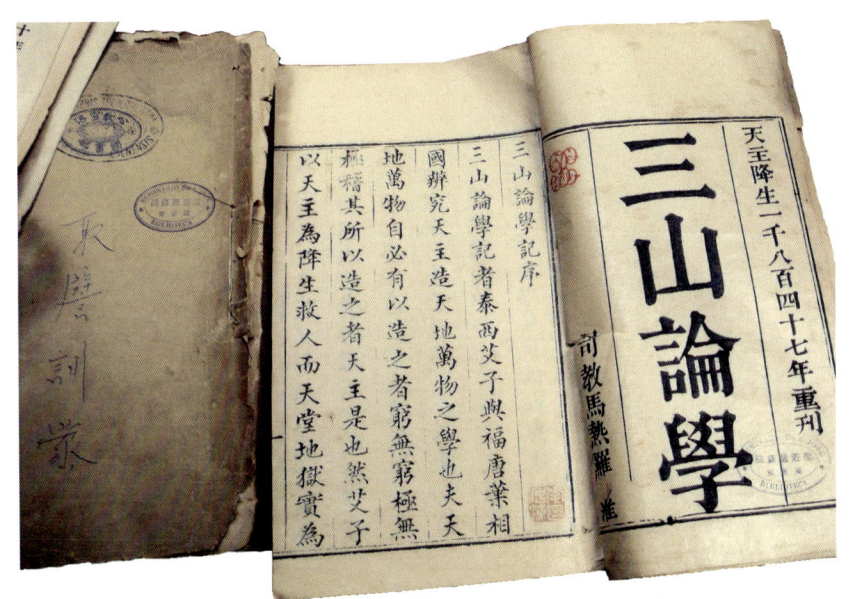

文献遗产名称：天主教澳门教区档案文献（16—19世纪）
入选时间：2010年
申报单位/保管单位：澳门主教公署、澳门圣若瑟修院

文献遗产名称：赤道南北两总星图
入选时间：2014年
申报单位/保管单位：中国第一历史档案馆

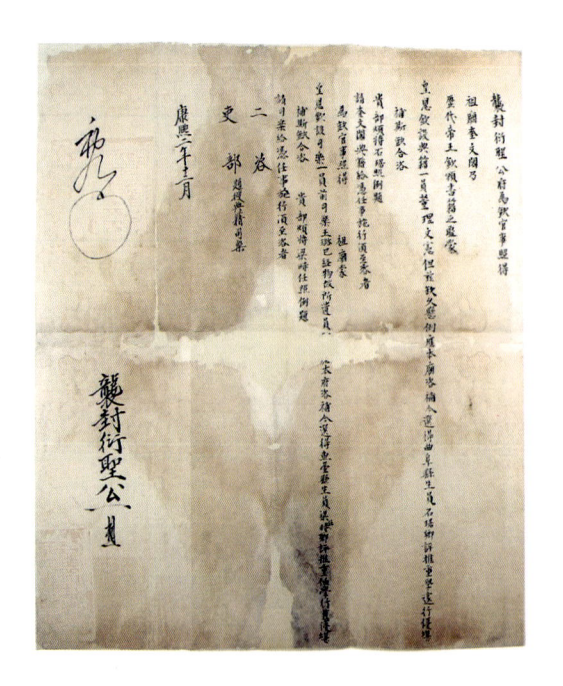

文献遗产名称：孔子世家明清文书档案

入选时间：2016年

申报单位/保管单位：山东曲阜孔子博物馆

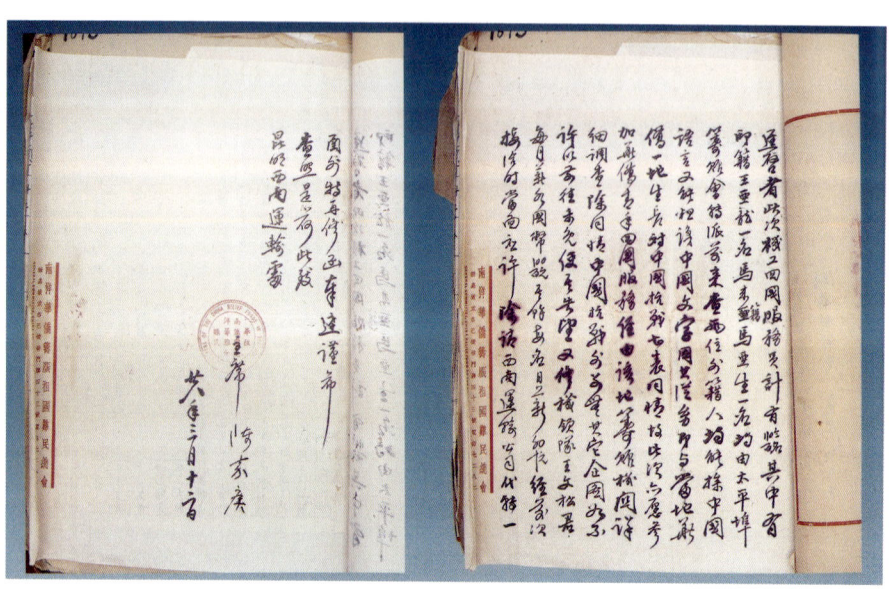

文献遗产名称：南侨机工档案

入选时间：2018年

申报单位/保管单位：云南省档案馆

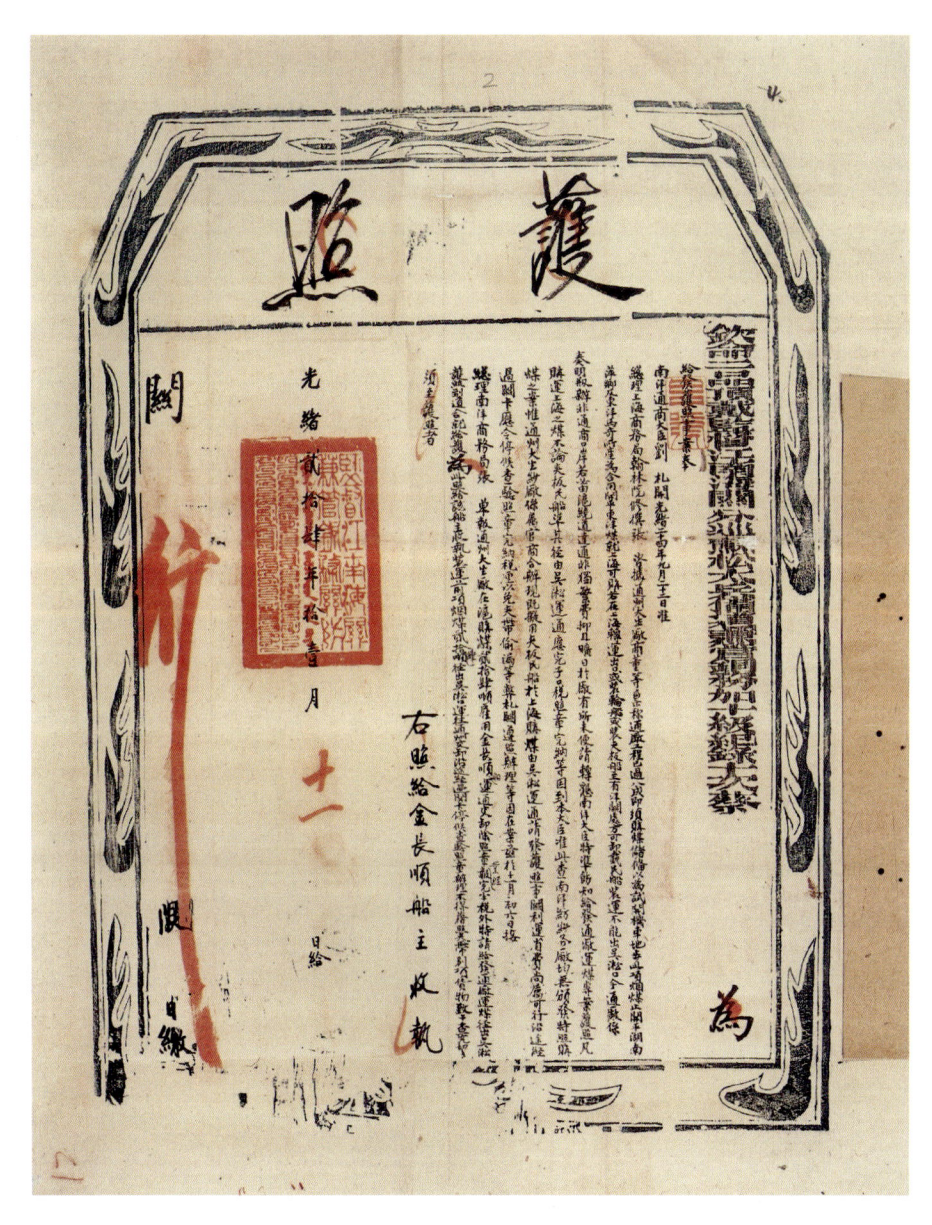

文献遗产名称：大生纱厂创办初期档案
入选时间：2022年
申报单位/保管单位：江苏省南通市档案馆

文献遗产名称：中国贵州省水书文献

入选时间：2022年

申报单位/保管单位：黔南布依族苗族自治州档案馆、荔波县档案史志馆、三都水族自治县档案馆、独山县档案馆、都匀市档案馆、黔南布依族苗族自治州图书馆、黔南民族师范学院民族研究院

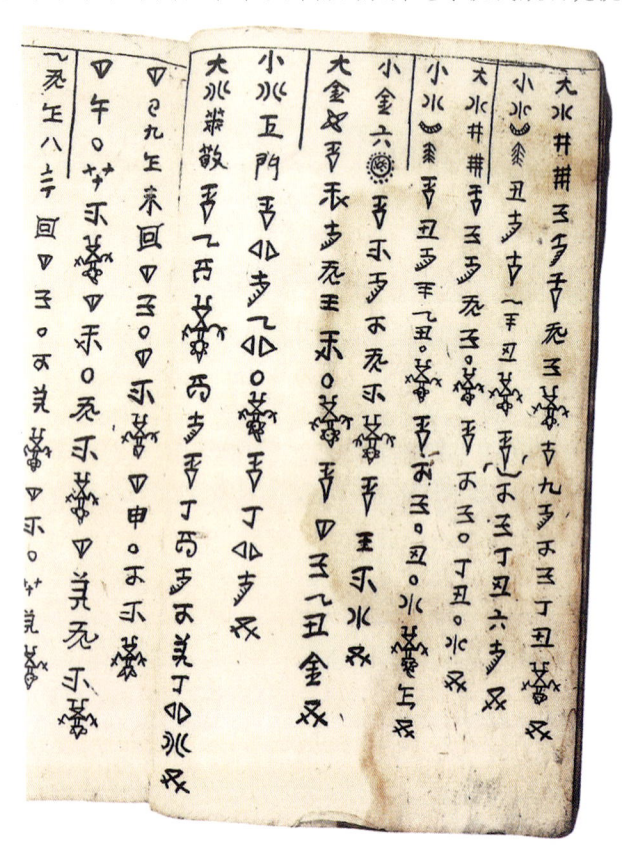

本草纲目、黄帝内经、侨批档案——海外华侨银信、元代西藏官方档案、近现代苏州丝绸样本档案（后名近现代中国苏州丝绸档案）、澳门功德林寺档案和手稿（1645—1980）[后名澳门功德林寺院档案文献（1645—1980）]、清代澳门地方衙门档案（1693—1886）、四部医典等8项同时入选《世界记忆名录》，详见附录一。